Heidi Keller (Hrsg.)

Interkulturelle Praxis in der Kita

Wissen – Haltung – Können

HERDER

FREIBURG · BASEL · WIEN

© Verlag Herder GmbH, Freiburg im Breisgau 2013

Alle Rechte vorbehalten
www.herder.de

Umschlaggestaltung: Verlag Herder
Titelbild und Fotos im Innenteil: Dr. Karsten Herrmann, außer S. 19: Dr. Heidi Keller
Redaktion: Dr. Karsten Herrmann / Maria Korte-Rüther
Innengestaltung: Susanne Lomer, Freiburg

Druck und Bindung: fgb · freiburger graphische betriebe
www.fgb.de

Printed in Germany

ISBN 978-3-451-32624-0

Inhalt

III Lebendige Einblicke in die interkulturelle Praxis

Vorwort

»Fremd ist der Fremde nur in der Fremde«
(Karl Valentin)

VIELE JAPANISCHE ELTERN sind zufrieden, wenn ihr Kind beim täglichen Abschied in der Krippe herzzerreißend weint –, denn dies zeigt ihnen, dass sie vermisst werden. Afrikanische Mütter sehen es als seelische Grausamkeit an, wenn Säuglinge deutscher Eltern mit einem darübergestülpten Plastikgestell voller Rasseln und Klingeln auf dem Rücken im Wohnzimmer liegen oder ganz alleine in ihrem Zimmer schlafen müssen. Und deutsche Eltern wiederum halten es schlichtweg für Körperverletzung, wenn afrikanische Kinder schon in den ersten Monaten in einen Plastiktopf gesteckt werden, um möglichst früh das Sitzen zu lernen.

Diese drei Schlaglichter zeigen schon, dass sich die Erziehungs- und Sozialisationsziele in den verschiedenen Kulturen stark voneinander unterscheiden können. Hier gibt es keine universelle Norm und kein »gut« oder »schlecht«, denn diese Vorstellungen haben sich in einem bestimmten kulturellen Kontext entwickelt und können jeweils als Anpassung an die gegebene Situation gesehen werden – und es kann dabei vorausgesetzt werden, dass alle Eltern das Beste für ihre Kinder möchten!

Die Kultur prägt die Menschen bis in ihr tiefstes Inneres. Unsere Beispiele sind in diesem Sinne nur, bildlich gesprochen, die sichtbare Spitze eines mächtigen Eisberges, der unsere (Erziehungs-)Einstellungen, Werte und Ziele maßgeblich bestimmt. Kultur ist dabei nicht nur von Land zu Land, von Kontinent zu Kontinent unterschiedlich, sondern in jedem Land selbst gibt es unterschiedliche Kulturen, die durch Tradition, Religion, Sprache und insbesondere auch sozio-ökonomische Faktoren bestimmt werden.

Die Interkulturelle Kompetenz wird in unserer globalisierten Welt mit ihren vielfältigen Migrationsbewegungen und damit auch in Deutschland als einem Zuwanderungsland zunehmend zu einer Schlüsselkompetenz. Gerade auch im Hinblick auf die frühkindliche Bildung und Entwicklung in Krippe und Kindertageseinrichtung und eine gelingende Integration von Anfang an ist das Wissen um den prägenden Einfluss von Kultur heute unerlässlich – und leider doch bisher fast sträflich vernachlässigt worden.

Für jeden Menschen ist es eine besondere Herausforderung, sich der eigenen kulturellen Prägung bewusst zu werden, die fest verankerte kulturelle Brille einmal abzunehmen und die Welt mit anderen, offenen Augen zu betrachten. Doch dies ist der unabdingbare erste Schritt zu einer interkulturellen Kompetenz, die es ermöglicht, anderen Kulturen auf gleicher Augenhöhe und mit Respekt zu begegnen, und Wege zu einem gemeinsamen Verständnis ebnet.

Ausgangspunkt dieses Buches waren zum einen die international anerkannten Forschungsergebnisse und kultursensitiven Ansätze der von Heidi Keller geleiteten Forschungsstelle »Entwicklung, Lernen und Kultur« des Niedersächsischen Instituts für frühkindliche Bildung und Entwicklung (*nifbe*). Zum anderen gingen starke Impulse von einer sehr positiv evaluierten Fortbildung zur Interkulturellen Kompetenz für Pädagogische Fachkräfte aus, die das *nifbe* in Kooperation mit der ehemaligen Integrationsbeauftragten des Landes Niedersachsen, Honey Deiheimi, konzipiert und in zwei Staffeln durchgeführt hat.

Das Buch ist in drei Teile gegliedert, die von den wissenschaftlichen Grundlagen und Rahmenbedingungen über die konkrete interkulturelle Arbeit in den verschiedenen Bildungsbereichen in Krippe und Kindertageseinrichtung bis hin zu Best Practice-Beispielen aus dem elementarpädagogischen Alltag sowie der Aus- und Weiterbildung reichen.

In ihrem Einführungsbeitrag zeigt Heidi Keller zunächst die verschiedenen Dimensionen der Interkulturellen Kompetenz auf und stellt zwei idealtypische kulturelle Modelle vor: das Modell der »Psychologischen Autonomie«, das für die westliche Mittelschicht bezeichnend und auf Individualität, Unabhängigkeit und Eigenständigkeit ausgerichtet ist, sowie das Modell der »Relationalen Verbundenheit«, welches auf soziale Verpflichtung und Verantwortung sowie Gehorsam und Respekt zielt und typisch für viele nach Deutschland kommende Migrantinnen und Migranten ist. In den beiden folgenden Beiträgen nehmen Haci-Halil Uslucan sowie Manuela Westphal und Irina Grünheid die Erziehungs- und Wertevorstellungen der beiden größten Migrantengruppen in Deutschland, der Türken und der Aussiedler bzw. Zuwanderer aus den Staaten der ehemaligen Sowjetunion, in den Blick. Jörn Borke zeigt zum Abschluss des ersten Hauptkapitels, ob und wie der interkulturelle Aspekt in den die Kita-Arbeit rahmenden Bildungs- und Orientierungsplänen der Bundesländer verankert ist.

Zum Auftakt des zweiten Hauptkapitels beschreiben Gülcan Yoksulabakan und Nele Haddou die praxisorientierten Grundlagen für die interkulturelle Arbeit in der Kindertageseinrichtung, und Gisela Röhling beschäftigt sich mit dem Aspekt der Sensibilisierung und professionellen Haltung der pädagogischen Fachkräfte. Als Basis für das Lernen nehmen Paula Döge und Lisa Schröder in der Folge die Prägung von Wahrnehmungs- und Denkstilen durch die Kultur sowie die Sprachbildung und -förderung in den Blick. Weiter konkretisiert wird die Bedeutung und Umsetzung der interkulturellen Kompetenz in den elementarpädagogischen Alltagsthemen des Künstlerisch-ästhetisch-musischen Lernens (Marianne Heyden-Busch), der Religion und Philosophie (Helga Barbara Gundlach) sowie der Zusammenarbeit mit Eltern (Gerda Wesseln-Borgelt).

Im dritten Hauptkapitel geben Karsten Herrmann, Maria Korte-Rüther und Christian Laengner lebendige Einblicke in die interkulturelle Praxis und die damit verbundenen Herausforderungen in der Kindertageseinrichtung, in der Weiterbildung und in der Ausbildung an Fachschulen.

Wir wünschen Ihnen mit diesem Buch viele neue Erkenntnisse und tragfähige Anregungen für Ihre interkulturelle Arbeit in Kindertageseinrichtung, Fachberatung sowie Aus- und Weiterbildung.

Karsten Herrmann
Heidi Keller
Maria Korte-Rüther

Teil I
Wissenschaftliche Grundlagen und Rahmenbedingungen

Kulturelle Modelle und ihre Bedeutung für die frühkindliche Bildung

Heidi Keller

DIE KULTURELLE VIELFALT ist in unserer globalisierten Welt mit ihren verzweigten Migrationsbewegungen auch in Deutschland schon längst zu einer Selbstverständlichkeit geworden. Sie eröffnet uns über alle gesellschaftlichen Ebenen hinweg neue Perspektiven und bietet die Chance zu einer Stärkung von Demokratie, Respekt und Toleranz. Kulturelle Vielfalt ist aber auch immer eine Herausforderung, und so ist die Stärkung interkultureller Kompetenz schon länger Gegenstand umfangreicher Studienprogramme an Hochschulen sowie vielfältiger Weiterbildungsangebote für Mitarbeiterinnen und Mitarbeiter von multinationalen Konzernen und Behörden, für Politiker, Lehrkräfte, sozialpädagogische Fachkräfte, Entwicklungshelfer und viele andere Menschen. Interkulturelle Kompetenz wird zunehmend zu einer neuen Schlüsselkompetenz und einem unverzichtbaren »soft skill«.

Erst seit kurzer Zeit ist die Vermittlung interkultureller Kompetenz auch in den Fokus der Elementarpädagogik und damit von Kindertageseinrichtungen und Krippen gerückt. In einer Zeit, in der bald jedes zweite Kind in den Kitas einen Migrationshintergrund hat, wird für Erzieherinnen und Erzieher das Wissen um den bedeutsamen Einfluss von Kultur, Tradition, Religion und Muttersprache auf die jeweilige Bildung und Entwicklung der Kinder und eine entsprechende interkulturelle Kompetenz für die pädagogische Praxis immer wichtiger.

Doch trotz dieser Bedeutung und Verbreitung findet sich bis heute keine »wirklich aussagekräftige, einfache und kurze Definition von ›interkultureller Kompetenz«« (Straub, Nothnagel & Weidemann 2010, S. 17). Dies liegt unter anderem daran, dass zur Definition Konzepte verwendet werden (müssen), die ihrerseits sehr komplex und voraussetzungsvoll sind, wie etwa »Interaktionskompetenz« oder »kommunikative Kompetenz«. Straub und Kollegen (2010) argumentieren für eine Zerlegung des Begriffs in Bestandteile und deren systematische Ordnung und berufen sich dabei auf das »Komponentenmodell interkultureller Kompetenz« nach Bolten (2006, S. 3). Hier werden folgende Dimensionen unterschieden:

- Affektive / emotionale Dimensionen (z.B. Selbstvertrauen oder Vorurteilsfreiheit)
- Kognitive Dimensionen (z.B. Verständnis fremd- und eigenkultureller Handlungszusammenhänge)
- Verhaltensbezogene / konative / praxische Dimensionen (z.B. Kommunikationsfähigkeit und soziale Kompetenz).

Die Betrachtung und Reflexion dieser einzelnen Komponenten ersetzt natürlich nicht die holistische Betrachtung oder die Definition von Geltungsansprüchen und die Diskussion von Normativität (a.a.O., S. 22f.). Hier soll es allerdings bei dem Hinweis auf die Komplexität einer wissenschaftlich kohärenten Definition belassen bleiben, und als praxisbezogener Ansatz wird vorgeschlagen, interkulturelle Kompetenz als eine Trias mit folgenden Komponenten zu verstehen (Keller 2011a; Borke & Keller 2012):

- Kenntnis / Wissen
- Haltung / Achtsamkeit
- Diversität leben.

Diese zentralen Dimensionen werden im Folgenden näher erläutert – insbesondere in Bezug auf die frühen Entwicklungs- und Bildungsprozesse in außerfamiliären Bildungseinrichtungen.

Kenntnis / Wissen

Als erster Schritt für die Entwicklung von interkultureller Kompetenz ist der Wissensbestand über unterschiedliche kulturelle Sozialisations- und Erziehungsstile zu betrachten. Solche Unterschiede sind in der anthropologischen und kulturspezifischen sowie kulturvergleichenden Literatur vielfältig dokumentiert worden. Für unsere Thematik sind hier vor allem zwei kulturelle Modelle relevant, die Prototypen darstellen, darüber hinaus aber auch in vielfältigen Kombinationen hybride Erscheinungsformen bilden können. Das uns vertraute und in Deutschland öffentliche und sichtbare kulturelle Modell ist das der psychologischen Autonomie (a.a.O.). Psychologische Autonomie bedeutet eine individuums-/kindzentrierte Sichtweise, in der einerseits persönliche Unabhängigkeit und Eigenständigkeit, andererseits Selbstbestimmung und die Realisierung eigener Wünsche und Bedürfnisse zentrale Ankerpunkte sind. Bereits der Säugling wird als eigenständige Person mit einem Recht auf die Berücksichtigung eigener Ziele, Präferenzen und Äußerungsmöglichkeiten betrachtet. Das Kind wird als quasi gleichberechtigter Interaktionspartner in Entscheidungen und Planungen der Familie mit einbezogen. So zum Beispiel, wenn eine Mutter ihr dreimonatiges Baby fragt: »Soll uns die Oma morgen besuchen kommen?«, und dann eine Pause macht, um gleichsam dem Kind die Gelegenheit zu geben, zu antworten. Die kindlichen Äußerungen, seien es vegetative oder vokale Geräusche, werden als intentionale Beiträge zur Unterhaltung betrachtet (Keller 2011b).

Das Kind wird von klein auf befragt und soll Auskunft über seine Gedanken und Gefühle im sprachlichen Modus geben. Daher kommt der Begriff der psychologischen Autonomie – das Kind soll früh lernen, den Fokus auf die Entwicklung der inneren Welt mit ihren Kognitionen und Emotionen zu legen und seinen eigenen Standpunkt zu behaupten. Der Fokus auf die individuelle Welt impliziert natürlich auch eine besondere Sicht auf Beziehungen und das soziale Miteinander. Erwachsene und Kinder sind mit anderen auf der Basis von Freiwilligkeit und frei verhandelbaren sozialen Bändern verbunden. Beziehungen müssen daher ständig neu bestimmt werden, damit sie gegenseitig als bereichernd empfunden werden. Häufig wird »Beziehungsarbeit« als schwierig und belastend empfunden. Weniger Wert wird in diesem Sozialisationsmuster auf soziale Verantwortung und Gehorsam gelegt. In verschiedenen Studien haben wir immer wieder gefunden, dass deutsche Mittelschichtfamilien die Entwicklungsziele »Ältere Menschen respektieren« und »Den Eltern gehorchen« für die ersten Lebensjahre als nicht erstrebenswert hielten (Keller 2011a). Weniger Wert wird auch auf die Entwicklung von Handlungsautonomie gelegt, d.h. das selbstständige und selbstverantwortliche Ausführen von Handlungen. Welche Eltern kennen nicht die endlosen Diskussionen um Jacke an- oder Schuhe ausziehen!

Dieses Sozialisationsmuster ist praktisch 1:1 in den Orientierungs- und Bildungsplänen der Länder und des Bundes zur frühkindlichen Bildung und Erziehung abgebildet (siehe dazu auch den Beitrag von Jörn Borke in diesem Band). In den »Handlungsempfehlungen für die Arbeit mit Kindern unter drei Jahren« des Niedersächsischen Kultusministeriums heißt es auf Seite 7:

»Das Kind steht im Zentrum einer professionellen Gestaltung frühkindlicher Lern- und Entwicklungsprozesse. Seine Individualität und seine vielfältigen Ressourcen sind Ausgangspunkt pädagogischen Handelns ... Autonomie, Individualität und Persönlichkeit eines Kindes können sich entfalten, wenn das Kind die Möglichkeit hat, selbst wirksam zu werden und seinen Impulsen zu folgen (Selbstwirksamkeit) ... Das Bild vom Kind, der Blick auf das kindliche Handeln und die Begleitung frühkindlicher Lern- und Entwicklungsprozesse geht davon aus, dass kleine Kinder eigenständige und kompetente Lerner sind, die aber gleichzeitig noch den Schutz und die Fürsorge ihrer Bezugspersonen benötigen.«

Dieses Credo zeigt sich auch in den Curricula für Kinder ab drei Jahren bis in das Schulalter:

»Kindertageseinrichtungen und Schulen haben gemeinsame pädagogische Grundlagen, die in der Förderung der Gesamtpersönlichkeit des Kindes, seiner Selbsttätigkeit und Selbstständigkeit sowie im Aufbau tragfähiger sozialer Beziehungen liegen« (Gemeinsamer Rahmen der Länder für die frühe Bildung in Kindertagesstätten 2004, S. 8).

Dieses uns vertraute Bild vom Kind mit der entsprechenden erzieherischen Praxis ist aber an bestimmte Voraussetzungen gebunden, nämlich an viel Zeit und die ökonomische Freiheit, diese exklusive Zeit zu investieren. Mit anderen Worten: Diese Erziehungsphilosophie passt gut für die Mittelschicht mit ökonomischer Absicherung auf der Grundlage eines hohen Niveaus formaler Bildung, damit zusammenhängend einer späten Elternschaft und wenig Kindern in einer Klein- oder Kernfamilie. Dazu kommt noch, dass die Betonung der Individualität fest in der westlichen philosophischen Tradition verankert ist, nicht aber beispielsweise in der ostasiatischen Denktradition (Kağitcibaşi 1996). Das schränkt den Geltungsbereich der Adaptivität dieses kulturellen Modells zusätzlich auf die westliche Mittelschicht ein, die weniger als fünf Prozent der Weltbevölkerung ausmacht (Arnett 2000; Henrich, Heine & Norenzayan 2010).

Ein ganz anderes kulturelles Modell haben viele Migrantinnen und Migranten im Gepäck, die aus traditionellen Dörfern der nicht westlichen Welt in westliche Länder wandern. Sie kommen oft aus Mehr-Generationen-Verbänden häuslicher Gemeinschaften (Großfamilien), haben ihr erstes Kind in den späten Teenagerjahren bekommen, haben oder bekommen viele Kinder und weisen ein eher geringeres Niveau an formaler Schulbildung auf. Die Werte und Normen dieser Familien sind häufig an hierarchischer Verbundenheit orientiert. Das bedeutet, dass das Netzwerk sozialer Verpflichtungen mit an Rollen gebundenen Aufgaben Primat vor dem Individuum hat und gemeinschaftliche Ziele der Familie Kooperation und verantwortungsvolles Handeln erfordern. Um den familiären Pflichten nachkommen zu können, wird von den Kindern Gehorsam als oberstes Erziehungsziel verlangt, verbunden mit Respekt und respektvollem Verhalten Älteren gegenüber. Eine frühe Handlungsautonomie erlaubt selbstständige Übernahme von Aufgaben und Mithilfe in Haus und Feld. Diese Erziehungs- und Bildungsstrategie erfordert andere Sozialsationskontexte und andere Interaktionsmuster (siehe dazu ausführlich Keller 2011a).

Es ist offensichtlich, dass diese beiden prototypischen kulturellen Modelle sich in vielerlei Hinsicht diametral gegenüberstehen, wenn nicht gar widersprechen. Kinder aus Familien mit Migrationshintergrund, die in einer Kindertageseinrichtung auf die gelebte Kultur der psychologischen Autonomie treffen, sehen dies bestenfalls mit Unverständnis, wenn nicht gar mit Ablehnung. Viele Familien mit Migrationshintergrund begründen mit dem mangelnden Respekt und anderen gegensätzlichen Erziehungsauffassungen, dass sie ihre Kinder nicht in eine Kindertageseinrichtung schicken können (Forschungsgruppe JugendMedienKultur 2005). Umgekehrt stehen Erzieherinnen und Erzieher häufig diesen Verhaltensweisen und Ansprüchen an die Kita unverständig gegenüber (Beispiele dazu in Gerwing 2012).

Es ist an dieser Stelle wichtig zu betonen, dass Migrantinnen und Migranten keine einheitliche Kategorie von Menschen sind, die nach ein und demselben kulturellen Modell leben. In Abhängigkeit von dem Niveau formaler Bildung und den entsprechenden Lebensformen, nach Alter, Migrationsanlass und -ursache unterscheiden sich Menschen über Ländergrenzen hinweg. Die Teheraner Arztfamilie wird sich der deutschen öffentlichen Erziehungsphilosophie in vielerlei Hinsicht eher verbunden fühlen, als ihre weniger formal gebildeten Landsleute aus dörflichen Regionen des Iran. Allerdings wird auch sie wenig Verständnis für den Umgang mit Respektlosigkeit haben. Das bedeutet, dass die Kenntnis unterschiedlicher kultureller Modelle auch in Einrichtungen eine Notwendigkeit ist, die vielleicht gar keine Kinder mit Migrationshintergrund besuchen, jedoch aber Kinder aus verschiedenen sozialen Milieus in Deutschland. Denn diese verschiedenen sozialen Milieus stellen auch unterschiedliche kulturelle Kontexte dar. So erhält das Sprichwort von Menschen, die in verschiedenen Welten leben, selbst wenn sie alle deutsche Staatsbürger sind, eine kulturelle Bedeutung.

Kenntnis in unserem Zusammenhang bedeutet also: Wissen um Unterschiedlichkeit und deren Einbettung in kulturelle Systeme. Wissen alleine reicht aber nicht aus, um den erzieherischen Alltag kultursensitiv zu gestalten. Daher muss das Wissen in einer Haltung begründet sein, die der Unterschiedlichkeit wertschätzend gegenübersteht und ihr Raum für Gestaltung gibt.

Haltung / Achtsamkeit

»Es ist ja alles schön und gut, ich verstehe, dass Migranten in ihrer Heimat Kinder anders erziehen. Aber jetzt sind sie hier und müssen sich an unsere Erziehungsvorstellungen anpassen.« Diese und ähnliche Formulierungen hört man zuweilen, wenn man Weiter- und Fortbildungskurse zu interkultureller Kompetenz in der Kita anbietet. Dieses Beispiel zeigt sehr deutlich, dass Wissen und Kenntnis alleine nicht ausreichen, um der gesellschaftlichen Forderung, allen Kindern die Teilhabe am Bildungssystem zu ermöglichen, nachzukommen.

»Offen zu sein für die Erfahrungen und Erwartungen, Denkformen, Erlebnis- und Handlungsweisen, Gewohnheiten und Wünsche anderer, verlangt eine bestimmte affektive Haltung und emotional-motivationale Bereitschaft des eigenen Selbst sowie Fähigkeiten zur Selbstreflexion, Selbstkritik und Selbst-Veränderung, die sich keineswegs per Knopfdruck herstellen lassen« (Straub, Nothnagel & Weidemann 2010, S. 20). Daher ist diese Dimension vermutlich die arbeitsintensivste und forderndste in der pädagogischen Trias. Die Definition von Straub und Kollegen legt die Beschäftigung mit Aspekten der Persönlichkeit nahe, die auch von anderen Autoren in diesem Bereich benannt werden (z.B. Nentwig-Gesemann, Fröhlich-Gildhoff, Harms & Richter 2012, S. 17ff.).

Die Auseinandersetzung mit der eigenen Biografie

Zur Auseinandersetzung mit der eigenen Biografie gehört das Überdenken des eigenen Lebenslaufes auch in Bezug auf Kontakt mit Anderem und Fremdheit (z. B. im Urlaub in einem fremden Land mit ungewohntem Essen), hinsichtlich des Erlernens von Fremdsprachen, der Begegnung mit Menschen aus anderen Kulturen. Die Frage, ob man sich fremd oder vielleicht nicht angenommen fühlt, haben viele Menschen auch schon einmal selbst erlebt, zum Beispiel als Bayer in Nordfriesland oder als Katholik in einer protestantischen Gemeinde, als Kind vom Land in der Großstadt ... Es ist wichtig zu reflektieren, welche Gefühle man in diesen Situationen hatte, was die Situation leichter machte oder auch erschwerte. Im besten Falle wird bereits daran die eigene kulturelle Brille deutlich. Die Reflexion der eigenen Situation fördert auch die Empathie mit anderen, die möglicherweise ähnliche Erfahrungen machen.

Neugier auf Anderes

Eine weitere wichtige Haltungsdimension ist die Neugier auf Anderes – andere Erziehungsvorstellungen, Sozialisationsziele, soziale Praktiken. Diese Neugier erfordert einen offenen Zugang, nämlich das Andere aus sich heraus zu verstehen, in dem jeweiligen Bedeutungszusammenhang. Das schließt den bewertenden Vergleich mit dem Vertrauten aus. Allzu leicht sind wir geneigt, andere Praktiken als rückständig, falsch oder gar gefährlich zu bewerten. Ein immer wieder genannter Konfliktpunkt zwischen Eltern und Kindertageseinrichtung sind unterschiedliche Vorstellungen über die Eingewöhnungssituation:

»Ich bin in einer Nestgruppe; bei den Allerjüngsten ist es so bei der Eingewöhnung ... da ist es eher so, dass die Eltern ihre Kinder relativ schnell abgeben ... Andersrum aber Forderungen an einen herantragen ... Wo es Schwierigkeiten gibt, den Eltern klar zu machen, dass es so oder so nicht funktionieren kann ...« (Gerwing 2012, S. 74). Diese Äußerung stammt von einer Erzieherin in einer Fokusgruppensituation und drückt das aus, was viele pädagogische Fachkräfte aus ihrer Sicht heraus erleben. Wir sehen die Welt aus unserer Perspektive und erwarten von Eltern, die die Welt anders sehen, dass sie sich anpassen – so, wie diese Eltern es sehen, kann es doch nicht funktionieren. Hier fehlt ganz sicher die Neugier, das Andere begreifen zu wollen.

Es stellt sich zum Beispiel sonst nicht die Frage, warum eine Familie die Eingewöhnungszeit nicht für notwendig hält. Die Eingewöhnungsmodelle sind aus einer bestimmten kulturspezifischen Sicht auf die Eltern-Kind-Beziehung entstanden, die für Kinder in multiplen Betreuungsarrangements so nicht zutrifft (siehe dazu Otto & Keller 2012), da diese nicht die exklusiven und zeitlich fordernden dyadischen Bindungen entwickeln, sondern andere Bindungsmuster – eben multiple – leben (Keller 1998). Die Haltung einer Mutter, die Kita verlassen zu wollen, weil sie nicht versteht, was sie da soll, wird dann konsequent als Verweigerung der Erziehungspartnerschaft und Desinteresse am Kind ausgelegt. Und die Mutter verlässt die Einrichtung dann mit einem schlechten Gefühl, was die Qualifikation der Erzieherin in Hinblick auf die Betreuung ihres Kindes betrifft.

Das bedeutet natürlich nicht, dass alle Familien mit Migrationshintergrund diese Vorstellungen teilen. Es gibt auch Familien, wo eine ausführliche gemeinsame Anpassung das für alle beste Vorgehen ist. In jedem Fall sind aber das neugierige Aufeinanderzugehen und die Suche nach Verständnis der jeweiligen Überzeugungen der Königsweg, der Kindern und Familien am besten gerecht wird.

An folgendem Beispiel der Eingewöhnung in japanischen Kitas wird noch eine wichtige kulturelle Haltung deutlich: die Bedeutung des Ausdrucks positiver Emotionalität in unseren Vorstellungen. Kinder sollen durch die graduelle Eingewöhnung keine negativen Emotionen erfahren und äußern müssen. Dagegen wird zum Beispiel in japanischen Kitas das Weinen der Kinder als Medium des Kennenlernens von Kind und pädagogischer Fachkraft betrachtet. In dem Film »Anleitung zur Neugier. Aufwachsen und Lernen in Japan« (Elschenbroich & Schweitzer 1995) wurden solche Situationen videografiert und kommentiert: Eine Mutter bringt ihr Kind zum ersten Mal in die Kita und übergibt es ohne weitere Rituale an einen Erzieher, der mit ihm in einen Gruppenraum geht, wo schon mehrere Kinder mit jeweils einem Betreuer sind, der die ganze erste Woche nur für das eine Kind zuständig ist. Die Kinder weinen bitterlich, was die Betreuer beruhigt, zeigen sie doch auf diese Weise enge Beziehungen an Mutter / Familie. In den Interaktionen mit dem weinenden Kind lernt es der Erzieher kennen, und beide bauen auf dieser Grundlage eine Beziehung auf.

Ein undenkbares Szenario für hiesige Erzieherinnen und Erzieher. Auch hier ist eine neugierige Haltung erforderlich, die zu ergründen sucht, warum die Eingewöhnung in einer bestimmten Form abläuft und warum man diese für die richtige und qualitativ hochwertige hält.

Umgekehrt geht es natürlich Eltern und pädagogischen Fachkräften aus anderen kulturellen Kontexten, wenn sie mit den deutschen Vorstellungen zu Erziehung und Bildung in Berührung kommen. Im Rahmen unserer Forschungsprojekte mit den westafrikanischen Nso haben wir Frauen kurze Videoclips von deutschen Müttern gezeigt, die mit ihren drei Monate alten Säuglingen spielten – in einer typischen Situation, wie sie auf dem Foto dargestellt ist:

Die Nso Frauen waren entsetzt und bezweifelten, dass dies die Mütter sein könnten – ein Kind auf dem Rücken am Boden liegend bedeutet für sie sehr schlechtes Elternverhalten. Ein quengelndes Kind nicht sofort zu stillen, grenzt für sie an Misshandlung, und ein wenige Monate altes Kind alleine in einem Bett oder gar einem Zimmer schlafen zu lassen, ist für sie schier undenkbar.

Diese Beispiele zeigen die normative Kraft unserer Erziehungsvorstellungen, sodass die achtsame Haltung wirklich nicht per Knopfdruck angestellt werden kann, sondern es um bedeutsame Umstrukturierungen persönlicher Werte und Normen geht. Das ist einer der Gründe, weshalb wir das interkulturelle Training für Kita-Mitarbeiterinnen und -mitarbeiter entwickelt haben (siehe dazu auch den Beitrag von Maria Korte-Rüther in diesem Band).

Diversität leben

Leben von Diversität bedeutet, unterschiedlichen Handlungsstrategien Raum zu geben – als Bereicherung der alltäglichen Praxis – und damit eine Ressource zu erkennen anstatt ein Problem oder ein Defizit zu identifizieren. Es fällt häufig schwer zu erkennen, dass unterschiedliche Verhaltensmaßnahmen das gleiche Ziel unterstützen können und damit zu Chancengleichheit führen, während die gleiche Verhaltensmaßnahme möglicherweise Chancen ungleich eröffnet. Aus der Zuhörerschaft eines Vortrags zu kulturell geprägten Erziehungsvorstellungen kam kürzlich eine besorgte Frage, nachdem ich die unterschiedlichen Eingewöhnungskonzepte deutscher und japanischer Kindergärten vorgestellt hatte: Soll man etwa jedes Kind anders behandeln? Die uneingeschränkte Antwort ist: Ja, unbedingt! In vielen Orientierungsplänen steht ausdrücklich, dass jedes Kind so angenommen werden soll, wie es ist – inklusive seiner familiären Herkunft und damit den familiären Werten und Erziehungsvorstellungen. Die Praxis sieht aber dann doch anders aus, wenn eine implizite oder explizite Erwartung besteht, die vertrauten und für richtig befundenen Verhaltenskonzepte umzusetzen, wie es zum Beispiel an den verschiedenen Vorstellungen zum Übergang in die Kita ersichtlich wird.

Diversität leben bedeutet auch, pädagogische Strategien zu integrieren, die in verschiedenen kulturellen Modellen beheimatet sind. Das Projekt »Sprachkultur in der Kita« ist ein solches Beispiel gelungener Integration. In kulturvergleichenden Untersuchungen wurden unterschiedliche Diskurs- und Kommunikationsstile zwischen Müttern und drei- bis vierjährigen Kindern festgestellt. Interessanterweise zeigte sich auch hier, dass nicht der gleiche Kommunikationsstil Kinder in verschiedenen Kulturen zum Sprechen und zur Sprachentwicklung anregte (siehe zusammenfassend Schröder & Keller 2012). Die Verwendung von offenen Fragen und der Bezug zu ausschmückenden und vertiefenden Details scheinen eine Struktur zu sein, die Kinder in verschiedenen Kulturen dazu anregt, Sprachbeiträge abzuliefern. Der wichtige kulturspezifische Unterschied liegt nun aber darin, dass sich die Gespräche in psychologischer Autonomie unterstützenden Milieus um das individuelle Kind drehen, während in eher relational organisierten kulturellen Milieus Gespräche auf das »Wir« und andere Personen fokussieren. Entsprechend haben Kinder in psychologisch autonom organisierten kulturellen Milieus mehr an Unterhaltungen teilgenommen und sich damit sprachlich weiterentwickelt, wenn die Gespräche auf sie zentriert waren, während in eher relational organisierten kulturellen Milieus Kinder bessere Sprachergebnisse erzielten, wenn mehr über andere und Gruppenzusammenhänge gesprochen wurde. Unsere Untersuchungen ergaben sehr deutlich, dass Erzieherinnen und Erzieher in relativ kurzen Fortbildungen von zwei Mal zwei Tagen ihr Sprachverhalten umstellen können und Kinder davon hinsichtlich ihrer Sprachentwicklung signifikant profitieren (siehe dazu auch den Beitrag von Paula Döge & Lisa Schröder in diesem Band).

Um den pädagogischen Alltag kultursensitiv gestalten zu können, ist es also wichtig, auf unterschiedliche Handlungsoptionen zurückgreifen zu können und diese flexibel zu kombinieren. Eine solche Form der Handlungsflexibilität ist dadurch gekennzeichnet, dass die frühpädagogischen Fachkräfte unterschiedliche Strategien des Umgangs mit Kindern und deren Familien zur Verfügung haben und dieses Repertoire situationsangemessen nutzen. Nur dann kann man dem Anspruch, das individuelle Kind in seiner Kultur anzunehmen, gerecht werden. Mit anderen Worten: Wenn man Kinder individuell fördern will, muss zuweilen die Gruppe im Mittelpunkt stehen.

Anstelle eines Ausblick

Anstelle eines Ausblicks soll hier ein Zitat stehen, das die vorher diskutierten Aspekte auf den Punkt bringt. Es handelt sich um eine Aussage von Gonzalez-Mena und Widmeyer-Eyer (2008, S. 46off.):

»Es kann sehr schwierig sein, mit Eltern zu kommunizieren, deren Kultur sich von Ihrer unterscheidet; es ist jedoch wichtig, dass Sie die Art und Weise, wie diese Eltern bestimmte Dinge tun, so weit wie möglich akzeptieren und versuchen, ihren Wünschen nachzukommen. Das ist einfach, wenn diese Methoden und Wünsche Ihre Theorien dazu, was für Kinder gut ist, nicht verletzen. Es ist viel schwieriger, wenn das, was die Eltern möchten, im Widerspruch zu dem steht, was Sie für richtig halten. Das Problem besteht darin, dass Theorien kulturgebunden sind. Es gibt nicht die eine richtige Antwort – nicht die eine Wahrheit. [...] Ein bedeutungsvoller multikultureller Ansatz wurzelt darin, dass Sie von Eltern lernen, auf welche Weise sich ihre Kultur von Ihrer eigenen und/oder der des Programms unterscheidet. Manches davon können Sie möglicherweise schon durch Beobachten in Erfahrung bringen. Es hilft, zu fragen. Wenn Sie fragen, eröffnen Sie damit vielleicht einen Dialog über kulturelle Unterschiede. [...] Ein wirklich multikultureller Ansatz für Säuglinge und Kleinkinder bestünde in solchen Fällen darin, die Eltern um Ideen und Vorschläge zu bitten und dann herauszufinden, wie man mit diesen umgeht. [...] Es kann sein, dass Sie und die Mutter zu der Einigung kommen, dass es dem Kind nicht schaden wird, wenn die Dinge in der Kinderbetreuung auf eine Art laufen und zu Hause auf eine andere. Oder es kann sein, dass Sie gemeinsam einen Kompromiss finden. Es kann sogar sein, dass Sie Ihre Methoden ändern, wenn Sie erst einmal den Standpunkt der Mutter verstehen, oder dass sie ihren ändert, wenn sie Ihren Standpunkt versteht.«

Es bleibt nur noch hinzuzufügen, dass diese Vielfalt eine Chance ist und als eine wertvolle Ressource für den pädagogischen Alltag, wie für das gesellschaftliche Leben insgesamt, betrachtet werden muss.

Literatur

Arnett, J. J. (2000): Emerging adulthood. A theory of development from the late teens through the twenties. American Psychologist, 55, pp. 469–480.

Bolten, J. (2006): Interkultureller Trainingsbedarf aus der Perspektive der Problemerfahrungen entsandter Führungskräfte. In: K. Götz (Hrsg.): Interkulturelles Lernen, interkulturelles Training. München: Hampp.

Borke, J. & Keller, H. (2012): Kultursensitive Beratung. In: M. Cierpka (Hrsg.): Frühe Kindheit 0–3 Jahre. Beratung und Psychotherapie für Eltern mit Säuglingen und Kleinkindern (S. 345–352). Heidelberg: Springer.

Elschenbroich, D. & Schweitzer, O. (1995): Film »Anleitung zur Neugier. Aufwachsen und Lernen in Japan«. München: DJI.

Forschungsgruppe JugendMedienKultur (Hrsg.) (2005): Jugendliche Aussiedler – zwischen ethnischer Diaspora und neuer Heimat. Trier: Universität Trier.

Gemeinsamer Rahmen der Länder für die frühe Bildung in Kindertagesstätten. http://www.kmk.org/fileadmin/veroeffentlichungen_beschluesse/2004/2004_06_03-Fruehe-Bildung-Kindertageseinrichtungen.pdf (Zugriff am 26.10.2011).

Gerwing, S. (2012): Ethnotheorien von Erzieherinnen und Erziehern kulturell heterogener Kindergärten in Deutschland. Eine rekonstruktive Untersuchung aus kulturpsychologischer Perspektive. Masterarbeit im Masterstudiengang »Internationale Migration und Interkulturelle Beziehungen (IMIB)« der Universität Osnabrück.

Gonzalez-Mena, J. & Widmeyer-Eyer, D. (2008): Säuglinge, Kleinkinder und ihre Betreuung, Erziehung und Pflege: Curriculum für respektvolle Pflege und Erziehung. Freiamt: Arbor.

Henrich, J., Heine, S. & Norenzayan, A. (2010): The weirdest people in the world? Behavioral and Brain Sciences, 33, pp. 61–135.

Kağitcibaşi, C. (1996): Individualism and collectivism. In: J.W. Berry, M.H. Segall & C. Kağitcibaşi (Hrsg.): Handbook of Cross-Cultural psychology. Volume 3: Social Behavior and applications. Boston: Allyn & Bacon.

Keller, H. (1998): Entwicklung im Kontext. Entwicklungspsychologische Konsequenzen für eine außerfamiliäre Betreuung des Kleinkindes. In: L. Ahnert (Hrsg.): Tagesbetreuung für Kinder unter drei Jahren. Theorie und Tatsachen (S. 167–172). Bern: Huber.

Keller, H. (2011a): Kinderalltag. Kulturen der Kindheit und ihre Bedeutung für Bindung, Bildung und Erziehung. Heidelberg: Springer.

Keller, H. (2011b): Die Sprache elterlicher Strategien. In L. Hoffmann, K. Leimbrink & U. Quasthoff (Hrsg.): Die Matrix der menschlichen Entwicklung (S. 143–164). Berlin: Walter de Gruyter.

Nentwig-Gesemann, I., Fröhlich-Gildhoff, K., Harms, H. & Richter, S. (2012): Professionelle Haltung – Identität der Fachkraft für die Arbeit mit Kindern in den ersten drei Lebensjahren. München: Deutsches Jugendinstitut e. V.

Otto, H. & Keller, H. (2012): Bindung und Kultur. nifbe-Themenheft Nr. 1. Osnabrück: nifbe.

Schröder, L. & Keller, H. (2012): Alltagsbasierte Sprachbildung. nifbe-Themenheft Nr. 6. Osnabrück: nifbe.

Straub, J., Nothnagel, S. & Weidemann, A. (2010): Interkulturelle Kompetenz lehren: Begriffliche und theoretische Voraussetzungen. In: A. Weidemann, J. Straub & S. Nothnagel (Hrsg.): Wie lehrt man interkulturelle Kompetenz? Theorien, Methoden und Praxis in der Hochschulausbildung. Ein Handbuch (S. 15–27). Bielefeld: transcript.

Religiöse Werteerziehung in islamischen Familien

Haci-Halil Uslucan

DER FOLGENDE BEITRAG versucht zunächst einen skizzenhaften Überblick über zentrale Aspekte islamischer Werteerziehung und ihre Implikationen für die kindliche Entwicklung zu geben. Im Vordergrund steht dabei weniger die allgemeine islamische Erziehung als vielmehr speziell muslimische Familien in Deutschland. Diese Fokussierung erscheint mir gerechtfertigt, denn hier besteht für den pädagogischen Alltag ein deutlicher Wissensbedarf.

Muslimische Migrantinnen und Migranten in Deutschland

Die rapiden kulturellen und sozialen Veränderungen führen insbesondere bei Migrantinnen und Migranten aus islamischen Herkunftsländern zu Stress, Destabilisierung und Überforderung – sowohl aufgrund ihrer stärkeren kulturellen Distanz, ihrer häufiger sozial prekären Lage, aber auch aufgrund ihrer stärkeren Ausgrenzungs- und Fremdheitserfahrungen. Deutlich häufiger als Einheimische geraten sie in ihrem sozialen Alltag in einen Zwiespalt, in dem die innerhalb der Herkunftskultur bekannten und routinisierten Handlungsformen versagen. Wenn dann zusätzliche Kommunikationsschwierigkeiten, mangelnde Kenntnisse über Verhaltensregeln im Aufnahmeland sowie geringe interkulturelle Kontakte im Alltag bestehen, ist mit einem stärkeren Rückzug in eigenkulturelle bzw. eigenethnische Nischen zu rechnen. Denn dadurch kann auch ein Teil der erfahrenen Deklassierung und Entwertung reduziert werden; gerade in der Diaspora – in der Erfahrung der Fremdheit und möglicherweise erlittener Kränkungen – erfährt der Islam eine Überhöhung und wird für das individuelle Leben stärker relevant als in der Herkunftskultur. Oftmals wird die eigene Religiosität bewusster erlebt; Religion erfährt in diesem Kontext eine bedeutsame Ordnungsfunktion. Das heißt also: Die Orientierung am Islam hilft mit Blick auf den Erziehungskontext, die in der Moderne – übrigens auch für deutsche Eltern – immer schwierigere Frage nach angemessenen Erziehungsinhalten zu vermeiden bzw. zu umgehen oder sie individuell beantworten zu müssen. Positiv formuliert, gibt der Islam klare Regeln und eine Orientierung vor, reduziert dadurch Komplexität. Gleichzeitig erzeugt er aber auch mehr Komplexität an den Reibungsflächen mit areligiösen, antireligiösen und christlichen Erziehungsidealen in Kindertageseinrichtung und Schule.

Dabei stellen sich für muslimische Eltern spezifische Herausforderungen: Sie müssen alltagsweltlich eine Antwort auf die Frage geben, welche Erziehungsziele und welche Erziehungsstile für die Entwicklung ihrer Kinder optimal sind und inwieweit sie dabei eine dominant religiöse bzw. muslimische Erziehung – in einem entweder christlichen oder säkularem Umfeld – angemessen auf das Leben in der heutigen Welt vorbereitet. Denn orientiert an einem modernen Erziehungsverständnis, wonach Erziehung zu einer individualistischen Entwicklung von Selbstbestimmung und Mitbestimmungsmöglichkeit des Kindes, also zur Mündigkeit führen soll, ist ein islamisches Erziehungsverständnis – jenseits aller Wertungen – stärker an einem kollektivistischen Menschenbild orientiert. Im Vordergrund steht dabei weniger, das Kind in seiner wachsenden Selbstbestimmung zu unterstützen, als vielmehr ihm zu helfen, sich harmonisch in die Gemeinschaft einzufügen.[1]

Generell hat Erziehung die Aufgabe, den Menschen auf das Umfeld vorzubereiten, in dem er lebt. Der Erfolg der Erziehung muss sich an der Gesellschaft bewähren, die die tatsächliche Lebenswelt des Einzelnen bildet; d.h. Erziehungsziele muslimischer Eltern werden auf den gelebten Kontext hin überprüft. Sie können sich als dysfunktional in der einen Gesellschaft und als funktional und angemessen in veränderten sozialen Kontexten erweisen. Zum Beispiel dort, wo der Gruppenorientierung ein hoher Stellenwert beigemessen wird.

Dabei ist zu vergegenwärtigen, dass Erziehungsziele im Allgemeinen gesellschaftlich, historisch und kulturell überformt sind und das Norm-, Selbst- und Wertverständnis einer Gesellschaft widerspiegeln. In der alltäglichen Erziehungspraxis werden Entscheidungen und Handlungen im Hinblick auf ein bestimmtes Erziehungsziel bzw. auf die hinter diesen Zielen liegenden Werte getroffen. Erziehungsziele sind in diesem Sinne als Orientierungen in der pädagogischen Praxis zu verstehen. In der Regel erfolgt die Setzung erzieherischer Ziele unbewusst bzw. beiläufig. Bewusste Erziehungsziele

---

1   Zwar sind natürlich islamische Erziehungskonzeptionen nicht mit türkischen gleichzusetzen, dennoch ist der Islam in Deutschland weitestgehend vom türkischen Islam geprägt; arabische bzw. nordafrikanische Formen dagegen sind deutlich geringer vertreten. Darüber hinaus bilden mit etwa 2,9 Millionen türkeistämmige Migrantinnen und Migranten die größte ethnische Minderheit in Deutschland.

hingegen werden vielmehr in Krisensituationen gesetzt; d.h. immer dann, wenn die bislang unreflektierten, unbestrittenen gesellschaftlich-kulturellen Normen nicht mehr gelten, als fragwürdig erachtet werden und die Übermittlung geteilter erzieherischer Normen durch allgemeine Sozialisationsvorgänge nicht mehr gewährleistet ist (Klafki 1982). Dies trifft insbesondere für die Erziehungssituation muslimischer Migrantinnen und Migranten in Deutschland weitestgehend zu. So war zum Beispiel in den 1950er Jahren auch in Deutschland ein Erziehungsleitbild verbreitet, das bei Kindern in erster Linie die Ausprägung von Gehorsam und Unterordnung forderte (Hurrelmann 1994). Spätestens zu Beginn der 1990er Jahre wurde dieses Leitbild als obsolet erkannt und es gab einen deutlichen Wandel in Richtung Selbstständigkeit, Kritik- und Urteilsfähigkeit als favorisierte Erziehungsziele (Gensicke 1994).

Darüber hinaus spielen auch spezifische Werte in der Erziehung – meist unbewusst – eine große Rolle, denn eine wertfreie Interaktionen zwischen Eltern und Kindern ist kaum denkbar: Jeder Kontakt, jeder familiäre Konflikt beinhaltet stets implizit auch eine Unterweisung in der Ordnung einer spezifischen Gemeinschaft. Kinder werden also schon immer in eine Wertewelt hineingeboren. Aus kindlicher Sicht sind Werte stets da, sind quasi ein lebensweltliches Apriori. Kinder lernen diese Werte auch ohne Fremdeinwirkung, allein durch das Spielen und in der Gemeinsamkeit mit anderen Sozialpartnern. Werte werden zumeist dann aktualisiert, wenn es Konflikte gibt, und nicht, wenn das Handeln konfliktfrei, reibungslos abläuft. Deshalb sind gerade Konflikte gute Anlässe, Werte zu thematisieren und die unbewusste Wertevermittlung auf die Ebene des Bewusstseins zu heben.

Die Familie als Ort der (religiösen) Wertevermittlung

Der klassische Ort der Wertevermittlung ist die Familie; sie ist Ort der elementaren Einweisung des Menschen in die Welt, sowohl was die zeitliche Vorrangigkeit als auch was die affektive Nachhaltigkeit betrifft. In der Familie werden sowohl zuerst als auch am intensivsten elementare Gefühle wie Sicherheit, Geborgenheit, Liebe, Respekt, Hilfsbereitschaft erworben und als Werte, als wünschenswerte Handlungen und Praktiken, vermittelt. Eltern sind die ersten Lehrer und Bildner des Menschen. In den Familien werden auch Werte von einer Generation auf die andere weitergegeben; eine Transmission der Werte findet statt. Die Intensität der Transmission wird unter

Migrationsbedingungen aber prekär. Denn nun bildet die Wertetransmission sowohl einen zentralen Aspekt des Erhalts kultureller Bezüge als auch die markante Sollbruchstelle, an der kultureller Wandel bzw. eine Entfernung von eigenkulturellen Standards einsetzt. Bezüglich des Ausmaßes an kultureller Transmission in Familien sind zwei Extremfälle denkbar:

1. Eine exakte Transmission, bei der keinerlei Unterschiede zwischen den Eltern und ihren Kindern erkennbar sind; Eltern und Kinder orientieren sich an denselben Werten.
2. Das Fehlen jeglicher Transmission, was keinerlei Gemeinsamkeiten zwischen Eltern und Kindern zur Folge hätte (Schönpflug 2001).

Beide Extreme sind jedoch nicht real. Einerseits kann die kulturelle Transmission niemals vollständig sein, da in diesem Fall der Umgang mit neuen Situationen unmöglich wäre und kein sozialer Wandel stattfände. Andererseits ist auch das Fehlen von jeglicher Transmission undenkbar, denn dann könnte kein koordiniertes Handeln zwischen den Generationen stattfinden (Boyd & Richerson 1985). Das tatsächliche Ausmaß der intergenerationalen Transmission liegt also immer zwischen diesen beiden Extremen.

Erst die Internalisierung von Werten bzw. Wertsystemen in der Kindheit und Pubertät garantiert, dass Individuen sich an Sollnormen halten, diese schätzen und auch danach streben, diese als »ihre« Werte anzuerkennen; d.h. eine Werteerziehung sollte in erster Linie über die Verinnerlichung und nicht über Verhaltensvorschriften, die von außen vorgegeben werden, erfolgen. »Reifere« Glaubens- und Wertvorstellungen sind jene, die von den Individuen bewusst, vor einer Wahlalternative stehend, übernommen, angeeignet und anerkannt werden; d.h. wenn die Werte als Produkt einer »vollzogenen Wertung« verinnerlicht werden (vgl. Standop 2005). Eine Lebensführung ohne Werte käme einem Verlust des Bezugssystems gleich, das unser Handeln prägt. Durch Werte und das Werten bestimmt der Einzelne sein Verhältnis zur Welt; gleichwohl lassen sich jedoch auch Werte nicht »verordnen« oder vorschreiben, sondern setzen die affektive Beteiligung des Einzelnen voraus. Kennzeichen einer »reifen« Wertebindung sind Autonomie im Handeln und Entscheiden. Dieses lässt den Schluss zu, dass die moralische Erziehung des Kindes insofern nicht allein über Belehrung erfolgen kann, sondern vielmehr durch das moralische Handeln, Erfahren der Anderen (Empathie) und Erfahren der eigenen Grenzen.

Für die Veränderung des kindlichen Wertewandels in seiner Entwicklung lassen sich folgende Aspekte als relevant identifizieren:

Wechsel der Bezugsperson
In der frühen Kindheit sind die Werte des Kindes noch stark an seine Familie gebunden; Elternidealisierung und elterliche Werte sind dominant. Mit dem Wechsel und der Einbindung in andere Gruppen gewinnen andere Personen als Vorbilder an Bedeutung und beeinflussen die Werthaltungen des Kindes.

Erziehungsstil der Eltern
Elterliche Erziehungspraktiken und -stile sind wesentliche Determinanten in der frühen Kindheit; ein einschneidender Wandel in den Erziehungsstilen des Kindes (z.B. durch Trennung der Eltern, durch Migrationserfahrungen oder eine Liberalisierung der Erziehungspraktiken) kann auch dessen Werteentwicklung beeinflussen.

Auswirkungen des sozioökonomischen Status
Ein Teil der Werthaltungen wird durch Schichtzugehörigkeit bestimmt; ein Wechsel (Abstieg oder auch Aufstieg, Zugehörigkeit zu sozialen Randgruppen, wie etwa zu ethnischen Minderheiten) kann Wertvorstellungen und Wertprioritäten beeinflussen (a.a.O.).

Gerade mit dem Familiennachzug stellt sich für viele (muslimische) Migrantinnen und Migranten die Frage der Weitergabe der eigenen Tradition und Religion an die nachwachsende Generation umso mehr, je stärker sich die Familien in der Fremde bedroht erleben, Rückzugstendenzen in eigene kulturelle Muster zeigen und ein stärkeres Abgrenzungsbedürfnis erfahren. Eine intensive religiöse Orientierung der Erziehung hat aus elterlicher Sicht die Zielsetzung, eine Rückbindung und ein Verstehen der elterlichen Lebenswelt zu gewährleisten und dem Kind die Möglichkeit einer intellektuellen Auseinandersetzung mit der eigenen Tradition zu verschaffen. Gleichwohl Inhalte und Formen der traditionellen Erziehung mit den Anforderungen der Moderne in einem offensichtlichen Widerspruch stehen, wenn zum Beispiel dadurch die Kompetenz zur Kritikfähigkeit gehemmt wird, kann deren Funktionalität bzw. Sinn für den Einzelnen nicht bestritten werden: Sie entlastet den Einzelnen bzw. die Eltern vor permanentem Entscheidungsdruck des modernen Lebens, stabilisiert dadurch das Verhalten und trägt zur Handlungsfähigkeit bei. Der Rückgriff auf eigene Traditionen bietet eine Entlastungschance und entbindet den Einzelnen, Verantwortung für die eigene Entscheidung zu übernehmen. Dieser Rückgriff ist umso eher wahrscheinlich, wenn Menschen das gesellschaftliche Leben als diffus und undurchsichtig erleben.

Religiosität und kultureller Hintergrund

Während eine religiöse Sozialisation in den islamischen Ländern vielfach vom Umfeld unterstützt und zum Teil auch unreflektiert als eine Alltagsgewissheit übernommen wird sowie durch das soziale Umfeld eine Koedukation erfolgt, ist davon auszugehen, dass in der Migrationssituation – dort, wo das bestätigende und unterstützende Umfeld entfällt – eine gezielte islamische Erziehung erfolgt. So hat dies Schiffauer (1991) als eine »Islamisierung des Selbst« in der Migration bezeichnet, die mit einer Individualisierung einhergeht, weil in der Fremde der Islam nicht so sehr die Funktion der kollektiven Vergegenwärtigung und Erklärung der Alltagswirklichkeit hat. Denn in der Migration ist die (eigene religiöse) Gemeinde nicht vorgegeben, sondern sie kann gewählt werden. Durch die stärker individuelle Beschäftigung mit der Religion steht die Suche nach »religiöser Wahrheit« im Vordergrund; in Folge wird die Zugehörigkeit zum Islam eher spiritualisiert, die Bildung von religiösen »Intensivgruppen« eher gefördert.

Gleichwohl es sich um dasselbe äußere Verhalten handeln mag – so etwa das Tragen eines Kopftuches oder das Fasten im Fastenmonat Ramadan –, sind die Gründe der Religiosität in der Migrationssituation andere bzw. zeigen ein deutlich stärker bewusstes Moment (als in den Herkunftsorten), da sie eine scharfe Differenz zur sozialen Mitwelt markieren.

Kulturpsychologische Studien zur Werteforschung zeigen, dass mit Blick auf die religiösen Orientierungen von Menschen in den meisten Fällen Religiosität positiv mit traditionellen Werten und negativ mit Hedonismus und Stimulation korreliert (Smith & Schwartz 1997). Das bedeutet, im Hinblick auf islamische Familien in Deutschland ist diesen Befunden folgend erwartbar, dass eine stärker traditionsgeleitete Wertebindung gelebt wird sowie – durch die eigene stärkere Bindung an die Tradition – eine intensivere Wertetransmission in den Familien erfolgt.

Werteauffassungen variieren jedoch nicht nur nach kulturellem Kontext, sondern auch in biografischen und lebensgeschichtlichen Zusammenhängen.

Kulturvergleichende Untersuchungen belegen eindrücklich, dass in der Regel jüngere Menschen eher Werte favorisieren, die die Bedeutung von Offenheit, Stimulation und Hedonismus betonen, während ältere Menschen eher die von Traditionen, Konformität und Sicherheit betonen. Insofern ist eine Spannung in den Werteauffassungen der Generationen ein kulturübergreifend immanentes Phänomen, die jedoch bei (muslimischen) Migrantenfamilien verschärft wird, weil Eltern in ihrem islamischen Selbstverständnis stärker eine kollektivistische Wertebindung zeigen, Kinder jedoch im Prozess der Akkulturation intensiver mit individualistischen Werten konfrontiert werden, wodurch sie den Assimiliations- und Akkulturationsdruck deutlich stärker spüren.

Wertedivergenzen zwischen religiösen und nicht-religiösen Türken

Die folgende eigene Erhebung (Uslucan 2008) mit einer deutschen Stichprobe, einer türkischen Stichprobe aus der Türkei und einer türkischen Migrantenstichprobe in Berlin versucht einen Überblick über die Ausprägungen einiger ausgewählter Wertepräferenzen zu geben. Dabei stehen sowohl Übereinstimmungen als auch Divergenzen der Werteauffassungen im Vordergrund. So kann eine empirische Grundlage für die im Alltagsdiskurs vielfach unreflektiert unterstellte Wertedivergenz zwischen Deutschen und Türken gegeben werden. Natürlich lassen sich dadurch Konflikte selbst weder erklären noch vorhersagen. Dieses Vorgehen – der Vergleich der Mehrheitsgesellschaft mit hier lebenden Migrantinnen und Migranten sowie den Menschen in ihrem Herkunftsland – hilft, folgende Fragen zu beantworten:

1. Inwieweit bestehen kulturelle Unterschiede in der Ausprägung von Werthaltungen?
2. Inwieweit ist mit einer Veränderung der Werthaltung durch Migration bzw. durch einen doppelten Bezug zum Herkunftsland der Eltern und der Aufnahmegesellschaft zu rechnen?

Methodisch wurden dabei mittels eines standardisierten Fragebogens in der Zeit von September 2002 bis März 2003 Daten von 766 Probanden im Alter von 14 bis 66 Jahren (Mittelwert = 28.71 Jahre; Standardabweichung = 11.66 Jahre) in Kayseri, Ankara, Berlin und Magdeburg erhoben. Die Befragung war anonym und freiwillig. Der Fragebogen lag in türkischer und deutscher Sprache vor. Von den Befragten waren 421 weiblich (55 Prozent) und 345 männlich (45 Prozent).

Um überprüfen zu können, inwieweit Religiosität die Wertepräferenzen verändert, baten wir eingangs des Fragebogens, Angaben zur Religiosität und zur Intensität der subjektiven Religiosität zu machen, die in Tabelle 1 dargestellt werden.

Tabelle 1: Religiosität der Befragten

		Deutsche (n = 234)	Türkischstämmige Migranten in Berlin (n = 205)	Türken in der Türkei (n = 327)
Bezeichnen Sie sich als religiös?	Ja	38,9 %	83,4 %	91,1 %
	Nein	60,7 %	16,1 %	8,0 %
Gehen Sie regelmäßig in die Moschee (Kirche)?	Ja	5,1 %	33,7 %	34,6 %
	Nein	80,3 %	60,5 %	59,6 %

Deutlich erkennbar ist folgendes Muster: Sowohl türkische Migrantinnen und Migranten in Berlin als auch Türkinnen und Türken in der Türkei bezeichnen sich in stärkerem Maße religiös als Deutsche. Ähnliche Zusammenhänge lassen sich auch bei der Intensität der Religionsausübung – hier exemplifiziert am regelmäßigen Moschee- bzw. Kirchenbesuch – aufzeigen: Rund ein Drittel der türkischstämmigen Personen (Migrantinnen und Migranten wie auch Türkinnen und Türken in der Türkei) besuchten regelmäßig die Moschee; bei den deutschen Befragten lag der Anteil der regelmäßigen Kirchgänger lediglich bei fünf Prozent. Etwa 60 Prozent der Türkischstämmigen verneinten einen regelmäßigen Moscheebesuch; bei der deutschen Stichprobe lag der Anteil derjenigen, die nicht regelmäßig in die Kirche gehen, bei etwa 80 Prozent. Auffällig ist, was die Intensität der Religionsausübung betrifft, dass es zwischen Türkinnen und Türken in der Türkei und türkischstämmigen Migrantinnen und Migranten kaum Unterschiede gibt: Migrationserfahrungen scheinen religiöse Orientierungen nur wenig zu beeinflussen; tendenziell ist eher eine leichte Abnahme im Migrationszusammenhang zu beobachten.

Den Befragten wurden einige Werte mit der Aufforderung genannt, deren Bedeutung für ihr Leben zu beurteilen. Sie sollten eine null angeben, falls dieser Wert für sie keine subjektive Relevanz habe, und Angaben zwischen 1 bis 7 machen, je nach der Bedeutung dieses vorgegebenen Wertes. In Tabelle 2 sind die Daten mit Blick auf die selbstberichtete Religiosität der Gruppen ausgewertet worden.

Tabelle 2: Werteauffassungen – differenziert nach der selbstberichteten Religiosität (Mittelwerte)

Kulturelle Zugehörigkeit	Deutsche		Türkische Migranten		Türken in der Türkei	
	nicht religiös	religiös	nicht religiös	religiös	nicht religiös	religiös
Stichprobengröße	n = 141	n = 88	n = 33	n = 168	n = 26	n = 295
Mittelwerte						
Werteauffassungen						
Familiäre Sicherheit	6.25	6.42	5.88	6.49	4.77	6.39
Freundschaft	5.88	5.83	5.58	6.05	5.62	6.21
Freiheit	5.83	5.72	6.18	5.90	5.54	5.93
Anregendes Leben	5.36	5.14	3.82	3.34	4.50	4.15
Höflichkeit	4.83	4.74	4.94	5.55	4.23	5.28
Nationale Sicherheit	4.35	4.09	3.00	5.68	3.28	5.87
Reichtum	3.03	2.93	2.91	3.58	3.69	4.05
Achtung vor Tradition	2.56	3.11	3.24	5.74	1.73	4.76
Autorität	1.72	1.75	0.76	1.81	1.77	2.31
Spiritualität	0.93	2.00	1.88	4.65	1.04	4.79

Mit Blick auf die Ausprägung der Werteauffassungen vor dem Hintergrund der eigenen Religiosität lässt sich festhalten, dass die Unterschiede in den Werthaltungen der türkischen Gruppe aus der Türkei und der türkischen Migrantengruppe deutlich stärker ausgeprägt sind als in der deutschen Gruppe; d.h. religiöse Orientierungen trennen die persönlichen Wertewelten von türkischstämmigen Menschen deutlich stärker als unterschiedliche Grade der Spiritualität bei Deutschen.

Inhalte religiöser Erziehung

Nun widmen wir uns der Frage, welche Charakteristika das islamische Verständnis von Erziehung aufweist. Familienpolitisch betrachtet, sind muslimische und christliche bzw. christdemokratische Positionen in ihrem Familienbild nicht weit voneinander entfernt: Muslime unterstützen eine Politik, die die Stärkung eines (konservativen) Familienbildes zum Ziel hat (vgl. Rüschoff 2002). Den wechselseitigen Pflichten in der Familie wird eine hohe Stellung eingeräumt; dies sind etwa die Pflichten der Ehefrau, die in der Schaffung eines harmonischen Haushaltes, Haushaltsführung, Früherziehung und Wohlbefinden der Kinder bestehen, während die dringlichste Pflicht des Mannes das Bestreiten des Lebensunterhaltes ist (d.h. im Selbstverständnis der Muslime ist das favorisierte Modell nicht »Familie und Beruf«, sondern »Familie statt Beruf« aus Sicht der Frauen). Auch wird betont, dass Eltern dabei der Pflicht unterworfen sind, ihre Kinder als ihrer Gemeinschaft nützliche Wesen zu erziehen (Fernziel der Erziehung); dem korrespondiert die Pflicht der Kinder, ihre Eltern zu respektieren, ihnen zu gehorchen und sie im späten Alter auch materiell zu versorgen.

Wieweit haben jedoch muslimische Eltern die Potenziale, situationsangemessene Orientierung und Wertevermittlung zu gewährleisten? Das soziale und kulturelle Milieu der Eltern kann den Anforderungen der psychischen Stabilisierung der Kinder und Jugendlichen kaum gerecht werden; die Eltern haben in ihrer Kindheit selbst kaum eine pädagogisch abgesicherte Erziehung genossen. Ihre eigenen Religionsvorstellungen basieren vielfach auf ländlich-traditionellen Auffassungen ihrer eigenen Eltern, die nicht immer religiös fundiert sind. Zwar ist die religiöse psychische Entwicklung von jedem Einzelnen selbst zu leisten, diese kann jedoch kaum eingelöst werden, wenn sie sich nicht auf verlässliche kompetente Erwachsene stützen kann.

Vor allem besteht für Eltern die Schwierigkeit, gerade vor dem Hintergrund ihrer geringen Bildungsvoraussetzungen, auf (religiöse) Fragen Antworten geben zu müssen, die so in den Herkunftsländern des Islam nicht gestellt werden und die eher spezifisch für ein Zusammenleben multireligiöser bzw. multiethnischer Kontexte (Ist der christliche Gott der gleiche wie Allah? Ist »Joseph« in der Bibel derselbe wie der »Yusuf« im Koran?) sind.

Eine idealtypische Forderung der religiösen Erziehung wäre an einer doppelten Zielsetzung zu orientieren:

1. Wieweit werden Kinder und Jugendliche zu einem Verständnis der eigenen religiösen und kulturellen Herkunft befähigt?
2. Wieweit kann bei ihnen gleichzeitig auch eine Öffnung, eine Haltung der Aufgeschlossenheit gegenüber Menschen anderer Religionen und kultureller Herkünfte erreicht werden?

Der eigene mangelnde Bildungshintergrund dürfte der Anlass sein, warum vielfach die religiöse Erziehung von den Koranschulen übernommen wird; diese können – neben ihrem Nutzen als ein kostengünstiges Betreuungsangebot – als eine Art Selbsthilfereaktion muslimischer Eltern auf fehlende qualifizierte religiös erzieherische Möglichkeiten und Institutionen verstanden werden. Neben dem Wunsch nach religiöser Erziehung ist vielfach das Motiv der Eltern, ihre Kinder durch einen Besuch der Koranschule von »schädlichen Einflüssen der Straße« fernzuhalten (vgl. Alacacioglu 1998).

Vielfach werden bei muslimischen Migrantenfamilien in Deutschland einfache traditionelle Haltungen, lokale Handlungsweisen und Praktiken religiös legitimiert. Religion und Kultur stehen – nicht nur im Islam – in einem Verhältnis wechselseitiger Durchdringung, aber auch in wechselseitigen Deutungs- und Anerkennungskämpfen. Religionen leben nicht durch sich selbst, sondern durch Menschen, die diese Praktiken anwenden. Dabei kommt es immer wieder zu Variationen: Menschen deuten diese Texte in einem historisch-kulturellen Kontext; diese werden jedoch insbesondere von »fundamentalistischen« Kreisen, in Deutschland wie in den Herkunftsländern, als Abweichungen von der reinen Lehre (vom »wahren Islam«) betrachtet. Diese Spannung, die Frage der »richtigen Auslegung« der heiligen Texte geschieht immer in einem bestimmten Interpretationsrahmen, auch wenn dieses von »Fundamentalisten« negiert wird. Die Begründung von (religiösen) Alltagshandlungen mit einem starren Rückgriff auf die eigene Kultur stellt ein etwas konservatives Argument dar, weil sie gerade das Faktum der Prozesshaftigkeit, des Gewordenseins und der Veränderbarkeit von Kultur in Abrede stellt und auch das stete Nebeneinander kultureller Wertemuster ignoriert (Tan 1999).

Festzuhalten ist jedoch, dass islamische Erziehungsvorgaben und -muster nicht für alle Migrantinnen und Migranten aus islamischen Familien Gültigkeit haben, da ihre Anwendung vielfach von Merkmalen wie etwa ländliche oder städtische Herkunft, soziale Schicht und Bildungsgrad oder von der Religiosität der eigenen Eltern abhängt; ferner werden Regeln der Alltagsgestaltung vorindustrieller Kulturen von den Beteiligten vielfach religiös bzw. islamisch begründet und zum Teil herrschen auch innerhalb des Islam gravierende Unterschiede in den verschiedenen Ausrichtungen vor (vgl. Stöbe 1998).

Abschließend ist zu unterstreichen, dass einige Schwierigkeiten und Probleme, denen sich muslimische Familien ausgesetzt sehen, keine spezifisch islamischen und deshalb integrationshemmende Faktoren sind, sondern wir hier den generellen Widerspruch religiös-traditioneller Erziehungskonzeptionen mit säkular-modernen Vorstellungen zu sehen haben. Exemplarisch wird das deutlich an der Überwachung der weiblichen Sexualität: So ist zum Beispiel die sehr restriktive Einstellung zur Sexualität in der Erziehung nicht nur eine spezifisch islamische Haltung, sondern ein typisches Zeichen religiös fundamentalistischer Orientierungen (z.B. die christlich fundamentalistische Gruppe der 12 Stämme, die ihre Kinder nicht in den Sexualkundeunterricht schickt).

In Fortbildungen sowie Beratungskontexten gilt es vielmehr, die gemeinsamen und nicht die trennenden Aspekte von muslimischen und einheimischen Familien herauszustellen: Denn letzten Endes geht es den Familien stets darum, für eine gute soziale Platzierung ihres Kindes zu sorgen – in den Erziehungszielen sind sich muslimische und nicht-muslimische Familien deutlich näher, auch wenn sie hierfür unterschiedliche Wege und Mittel in Anspruch nehmen.

Literatur

Alacacioglu, H. (1998): Außerschulischer Religionsunterricht für muslimische Kinder und Jugendliche türkischer Nationalität in NRW. Eine empirische Studie zu Koranschulen in türkisch-islamischen Gemeinden. Münster: LIT-Verlag.

Boyd, R. & Richerson, P.H. (1985): Culture and the evolutionary process. Chicago: University of Chicago Press.

Gensicke, Th. (1994): Wertewandel und Erziehungsleitbilder. Pädagogik, 46, Heft 7–8, S. 23–26.

Hurrelmann, K. (1994): Mut zur demokratischen Erziehung. Pädagogik, 46, Heft 7–8, S. 13–17.

Jerusalem, M. (1992): Akkulturationsstress und psychosoziale Befindlichkeit jugendlicher Ausländer. Report Psychologie, 2, S. 16–25.

Klafki, W. (1982): Erziehungsziel, Bildungsziel, Lernziel unter begrifflichem und normativem Aspekt. In: M. Benden (Hrsg.): Ziele der Erziehung und Bildung. Bad Heilbrunn: Obb.

Rüschoff, S.I. (2002): Ansätze einer zeitgemäßen Familienpolitik. Deutsche Muslim Liga Rundbrief, Jg.11, Heft Nr. 80 (http://www.deutsche-muslim-liga.de).

Schiffauer, W. (1991): Die Migranten aus Subay. Türken in Deutschland. Eine Ethnographie. Stuttgart: Klett.

Schönpflug, U. (2001): Intergenerational Transmission of values: The role of transmission belts. Journal of Cross-Cultural Psychology, 32, Special Issue, pp. 174–185.

Smith, P. & Schwartz, S. (1997): Values. In: J. Berry, M. Segall & C. Kağitcibaşi (eds.): Handbook of cross-cultural psychology: Volume 3 Social behavior and applications. Boston: Allyn & Bacon.

Standop, J. (2005): Werteerziehung. Einführung in die wichtigsten Konzepte der Werteerziehung. Weinheim: Beltz.

Stöbe, A. (1998): Die Bedeutung des Islam im Sozialisationsprozess von Kindern türkischer Herkunft und für Konzepte interkultureller Erziehung. Diss. Gesamthochschule Essen.

Tan, D. (1999): Zur Rolle der Religion in der Erziehung. In: Analysen. Arbeitskreis Neue Erziehung (Hrsg.): Erziehung – Sprache – Migration. Gutachten zur Situation türkischer Familien (S. 37–92). Berlin: Arbeitskreis Neue Erziehung.

Uslucan, H.-H. (2008): Die Parallelgesellschaft der Migrantencommunities in Deutschland: Fakt oder Fiktion? In: E. Witte (Hrsg.): Sozialpsychologie und Werte. Beiträge des 23. Hamburger Symposium zur Methodologie der Sozialpsychologie (S. 276–298). Lengerich: Pabst.

Kulturelle Werte und Erziehung in Migrantenfamilien aus den Nachfolgestaaten der ehemaligen Sowjetunion

Manuela Westphal | Irina Grünheid

GEGENWÄRTIG LEBEN IN DEUTSCHLAND nach Angaben des Statistischen Bundesamtes (2011) rund 2,5 Millionen Menschen, die einen Migrationshintergrund aus der ehemaligen Sowjetunion und den Nachfolgestaaten haben. Sie bilden damit neben denjenigen mit Herkunftsland Türkei die stärkste Migrantengruppe in Deutschland. Die nationale und soziokulturelle Herkunft der Migrantenbevölkerung aus der ehemaligen Sowjetunion kann sehr unterschiedliche Bezüge aufweisen. Diese gilt es zunächst zu bestimmen. Erst nach der Differenzierung verschiedener Gruppen werden wir die vorliegenden wissenschaftlichen Erkenntnisse über Familien aus der ehemaligen Sowjetunion mit Bezug auf ihre kulturellen Werte und Erziehungsvorstellungen vorstellen und diskutieren.

Zugewanderte aus der ehemaligen Sowjetunion: Russlanddeutsche, Spätaussiedler, jüdische Kontingentflüchtlinge und ausländische Migranten

Zu den Zugewanderten aus der ehemaligen Sowjetunion gehört zunächst die Gruppe der Russlanddeutschen Aussiedlerinnen und Aussiedler, deren Vorfahren im 18. und 19. Jahrhundert in das zaristische Russland gewandert waren, um dort wirtschaftliche Siedlungsgemeinschaften zu gründen. Ein nationales und ethnisches Selbstverständnis sowie eine politische Interessenvertretung als Russlanddeutsche wurden erst mit Entstehung der Sowjetunion allmählich entwickelt. Im Kontext der beiden Weltkriege, insbesondere des Zweiten Weltkrieges, verschlechterte sich die Lebenssituation jeweils dramatisch. Es folgten Entrechtung, Deportationen und Verfolgung der Russlanddeutschen. Die Bundesrepublik Deutschland sicherte den deutschen Volkszugehörigen (wie auch denen in Polen, Rumänien u. a.) im Rahmen des Kriegsfolgenrechts einen Anspruch auf die deutsche Staatsangehörigkeit und eine großzügige Aufnahme und Integration bis Ende der 1980er Jahre zu. Einschränkungen von Anerkennung, Aufnahme und Integration erfolgten mit dem sogenannten Kriegsfolgenbereinigungsgesetz von 1993. Seither kommen sie als Spätaussiedler mit ihren Familienangehörigen nach

Deutschland. Ende der 1990er Jahre wurde ein Wandel innerhalb der Spät-/ Aussiedlergruppe beobachtet: Die Zahl der Russlanddeutschen sank, dagegen nahm der Anteil der ausländischen (russischen) Familienangehörigen sowie der in der russischen Sprache und (postsowjetischen) Kultur aufgewachsenen Generation zu.

Spät-/Aussiedler stellen gegenwärtig mit 1,4 Millionen einen Anteil von 63 Prozent an der Gesamtgruppe der Zugewanderten aus der ehemaligen Sowjetunion (Statistisches Bundesamt 2011). Sie sind sowohl aus ländlichen als auch städtischen Kontexten der russischen Föderation, Kasachstans, der Ukraine oder sonstiger Nachfolgestaaten eingewandert. Da sie nach der Einwanderung über die deutsche Staatsbürgerschaft verfügen, wurden sie lange nicht als Migrantenbevölkerung angesehen und registriert. Erst mit der Änderung des Mikrozensusgesetzes 2003 werden sie auch sozialstatistisch als Deutsche mit Migrationshintergrund anerkannt und erfasst.

Eine weitere Gruppe stellen die jüdischen Kontingentflüchtlinge dar, denen Deutschland, resultierend aus dem Vereinigungsprozess mit der DDR, eine Asylberechtigung aufgrund des Antisemitismus in den Nachfolgestaaten der ehemaligen Sowjetunion gewährt. Mit dem Zuwanderungsgesetz 2005 muss neben der jüdischen Herkunft auch eine positive »Integrationsprognose« bestätigt werden. Hierzu sind Nachweise erforderlich, wie den eigenen Lebensunterhalt sichern zu können, deutsche Sprachkenntnisse und Aufnahme in einer jüdischen Gemeinde in Deutschland zu finden. Dennoch treten nicht alle in die jüdischen Gemeinden ein oder nehmen aktiv am Gemeindeleben teil. Sie fühlen sich zum Teil der russischen Kultur stark verbunden und pflegen enge Bindungen an das Herkunftsland (vgl. Kiesel 2007). Nach Angaben des Bundesamtes für Migration und Flüchtlinge kamen bis 2010 insgesamt rund 204.230 jüdische Kontingentflüchtlinge mit ihren Familien – vorwiegend aus der russischen Föderation und der Ukraine (BAMF 2012).

Insgesamt ist die Einwanderung der Spät-/Aussiedler und der jüdischen Kontingentflüchtlinge deutlich zurückgegangen, sodass aktuell nur noch wenige neu zuwandern. Die jüdischen Zugewanderten wie auch die Familienangehörigen der Spät-/Aussiedler sind in statistischen Erfassungen zum Migrationshintergrund in der Gruppe der Ausländer oder der Eingebürgerten erfasst.

Gegenwärtig wandern vor allem Menschen im Rahmen der Familienzusammenführung und von Heiratsmigration sowie als ausländische Studierende, Arbeitskräfte und Asylsuchende in Deutschland ein. So wurden zum

Beispiel rund 17 Prozent aller Einreisebewilligungen (Visa) zum Zweck des Ehegattennachzugs in den Jahren 2007 bis 2009 an Personen aus der russischen Föderation, Kasachstan und der Ukraine erteilt. Die Studierenden und Arbeitsmigrantinnen und -migranten aus diesen Staaten zählen zu den stärksten Gruppen: Etwa rund 15 Prozent der ausländischen Studierenden im Jahre 2009 kamen aus diesen Ländern; im selben Jahr machten Personen aus der Russischen Föderation und der Ukraine die drittgrößte Gruppe (11 Prozent, zwei Drittel davon weiblich) unter den Ausländern, die zur Ausübung einer Beschäftigung nach Deutschland eingereist sind, und dabei die zweitgrößte Gruppe unter den hochqualifizierten Fachkräften aus (a.a.O.).

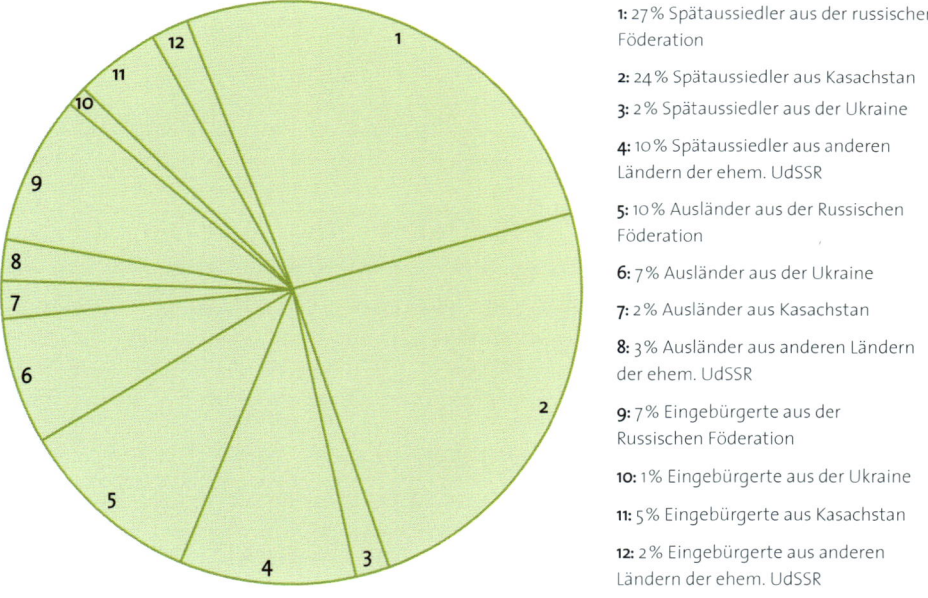

1: 27 % Spätaussiedler aus der russischen Föderation

2: 24 % Spätaussiedler aus Kasachstan

3: 2 % Spätaussiedler aus der Ukraine

4: 10 % Spätaussiedler aus anderen Ländern der ehem. UdSSR

5: 10 % Ausländer aus der Russischen Föderation

6: 7 % Ausländer aus der Ukraine

7: 2 % Ausländer aus Kasachstan

8: 3 % Ausländer aus anderen Ländern der ehem. UdSSR

9: 7 % Eingebürgerte aus der Russischen Föderation

10: 1 % Eingebürgerte aus der Ukraine

11: 5 % Eingebürgerte aus Kasachstan

12: 2 % Eingebürgerte aus anderen Ländern der ehem. UdSSR

Abbildung 1: Zugewanderte aus der ehemaligen Sowjetunion (Quelle: Statistisches Bundesamt 2011, eigene Berechung)

Diese verschiedenen Zuwanderungsgruppen werden seit den Mikrozensuserhebungen 2009 nun auch als Zugewanderte aus dem Gebiet der ehemaligen Sowjetunion als Gruppe zusammengefasst (vgl. Abb. 1). Es ist innerhalb dieser Gruppe von einer hohen Heterogenität auszugehen. Neben den aufgezeigten unterschiedlichen ethnisch-kulturellen Gruppenzugehörigkeiten, Ein- und Zuwanderungsbedingungen sowie rechtlichen Aufenthaltstiteln, spielen sozialdemografische Aspekte wie Generationszugehörigkeit, Bildung, Geschlecht, Religion und Stadt-Land-Herkunft etc. eine weitere Rolle. Insgesamt können die soziokulturellen Hintergründe, die Alltags- und Lebenserfahrungen sowohl in der Herkunfts- als auch in der Aufnahmegesellschaft als teilweise sehr verschieden voneinander angenommen werden.

Kulturelle Werte und Erziehungseinstellungen – Forschungsergebnisse im Überblick

Mit Bezug auf kulturelle Werte, Erziehungseinstellungen und -praktiken liegen vorwiegend Forschungsergebnisse aus den späten 1990er und den folgenden Jahren vor. Das Bild russischsprachiger Familien in Deutschland ist heute somit vor allem durch die Untersuchungen der Gruppe der Spät-/Aussiedler geprägt. Der Fokus der wenigen Forschungsarbeiten über jüdische Kontingentflüchtlinge richtet sich vor allem auf die Integration in die jüdischen Gemeinden. Für die Gruppen der (Neu)Zugewanderten aus der ehemaligen Sowjetunion, die im Rahmen von Heirat, Studium und Arbeit nach Deutschland kommen, liegen keine Studien vor. Daher werden wir im Folgenden die Erkenntnisse über die russlanddeutschen Spät-/Aussiedlerfamilien resümierend beschreiben.

Wahrnehmung als Migrationsfamilie

Zunächst ist festzuhalten, dass die Integration von Aussiedlerfamilien bis in die 1980er Jahre relativ unauffällig und privilegiert verlief, nicht zuletzt auch gefördert durch großzügige Integrationsmaßnahmen. Erst infolge des Anstiegs der Spät-/Aussiedlerzuwanderung aus der ehemaligen Sowjetunion mit Beginn der 1990er Jahre und der stetigen Zuwanderung in den darauf folgenden Jahren sowie den einsetzenden Streichungen und Kürzungen von Integrationserleichterungen und -hilfen wurde auch die Eingliederungssituation von Spät-/Aussiedlerfamilien zunehmend vergleichbar mit anderen in Deutschland lebenden Migrantengruppen. Insbesondere in Erziehungs- und Bildungsinstitutionen wurde die Integration der Kinder und Jugendlichen zunehmend als problematisch betrachtet (vgl. Herwartz-Emden & Westphal 2002). Die Annahme einer zügigen und unauffälligen Integrationsfähigkeit aufgrund deutschem Bekenntnis, Brauchtum, deutscher Kultur, Sprache und Staatsbürgerschaft erwies sich immer weniger haltbar. Sowohl aufseiten der aufnehmenden Gesellschaft als auch der Spät-/Aussiedler zeigten sich zunehmend Integrations- und Passungsprobleme sowie gegenseitige Vorbehalte. Insbesondere kamen immer mehr nach Nationalität und Rechtsstatus gemischte Familien, in denen überwiegend Russisch als Muttersprache vorherrschte, und es verstärkten sich Identitätsprobleme. Sie wanderten als Deutsche oder Familienangehörige ein, wurden jedoch vielfach eher als Russen wahrgenommen und identifizierten sich immer weniger eindeutig mit der deutschen Gesellschaft und Sprache. Dies gilt vor allem für viele Kinder und Jugendliche als eine mitgenommene Generation (vgl. Müller-Wille 2002). In Forschung, Praxis und Politik findet allmählich ein Paradigmenwechsel statt, insofern Spät-/Aussiedlerfamilien zunehmend im Vergleich mit anderen Migrationsgruppen betrachtet werden. Im Sechsten Familienbericht wird bereits betont, das Spät-/Aussiedlerfamilien entweder eigene Spezifika aufweisen oder anderen Migrationsfamilien in Lebenslage und Einstellungen ähneln (vgl. BMFSFJ 2000).

Familienorientierung und Familienzusammenhalt: patriarchal und autoritär
Insbesondere die in den 1990er Jahren angesiedelten Berichte über Russlanddeutsche bzw. Spät-/Aussiedlerfamilien hoben die deutliche Familienorientierung und einen starken Familienzusammenhalt als Spezifika hervor (vgl. im Überblick Westphal 1997, S. 92ff.). Als Belege galten die Größe der Familie und die Kontaktdichte zwischen Familienmitgliedern und zu anderen Verwandten. Das Geschlechter- und Generationenverhältnis in der Familie wurde als patriarchal-autoritär typisiert und die Werteorientierungen als traditionell-kollektivistisch analysiert (vgl. Schmitt-Rodermund & Silbereisen 1995). Die Familie und die in ihr vermittelte Sozialisation galten zudem geprägt durch die Pflege deutscher Traditionen und Werte. Die Erfahrung von Verfolgung und Bedrohung habe in der Sowjetunion zu einer spezifisch russlanddeutschen Lebensform und Identität geführt (vgl. Dietz 1992). Für die Beibehaltung der Traditionen bzw. der russlanddeutschen Identität engagierte sich die ältere Generation (Großeltern). Ihre Erziehungswerte und -methoden sowie ihre Auffassung von Familie knüpften offenbar übergangslos an längst vergangene Zeiten russlanddeutscher Siedlungsgemeinschaften an. Da den Großeltern häufig die Kinderbetreuung oblag, vermittelten sie diese Werte

direkt an die jüngere Generation weiter. So stellten Studien in den 1990er Jahren bei Jugendlichen aus Spät-/Aussiedlerfamilien in nahezu allen Bereichen auch eine eher traditionelle Haltung im Vergleich zu einheimischen Jugendlichen fest. Dabei waren häufig die männlichen Befragten konservativer eingestellt als die weiblichen (vgl. Dietz et al. 1998).

Bei genauerem Hinsehen erwiesen sich jedoch einige der Annahmen über die russlanddeutsche Spät-/Aussiedlerfamilie in Forschungs- und Praxiszusammenhängen als Reproduktion von Stereotypen (Herwartz-Emden & Westphal 2000). Viele aus dieser Zeit vorliegenden Erkenntnisse beruhen meist auf Befragungen der kurz zuvor ausgesiedelten Familien, die im Zuge des Spät-/Aussiedleranerkennungsverfahrens auch eine russlanddeutsche Identität und Lebensform besonders schlüssig darlegen mussten. Bei den Typisierungen wurde dabei allerdings oft nicht berücksichtigt, dass russlanddeutsche Familien sich in ihren Lebensbedingungen nicht wesentlich von der sowjetischen Gesamtbevölkerung unterscheiden. Russlanddeutsche zeigten sich zum Beispiel in Hinblick auf das erreichte (Aus-)Bildungsniveau deutlich integriert (vgl. Westphal 1997). Schließlich ist die Familie wesentlich durch das sowjetische bzw. postsowjetische Gesellschaftssystem bestimmt worden. Die Erziehung und Sozialisation der Kinder und Jugendlichen fand in nicht unbeträchtlichem Ausmaß im sowjetisch geprägten Erziehungs- und Bildungssystem statt. Dies beinhaltete eine Sozialisation mit kollektivistischer Ausprägung, beruhend auf Gehorsam und Disziplin sowie tradierten russischen Fürsorge- und Erziehungskonzepten, die in hohem Maße als moralisch-emotional gekennzeichnet werden können (Ahnert et al. 1995; Kienbaum 1995).

Zudem ist auch aufgrund der Veränderung innerhalb der Spät-/Aussiedlerpopulation davon auszugehen, dass die frühen Beobachtungen immer weniger die Realität der heutigen Familien aus der ehemaligen Sowjetunion zu beschreiben vermögen. So weisen die Autoren des DJI Kinderpanels (»Wie wachsen Kinder auf?«)[2] darauf hin, dass wir eher von »zwei unterschiedlichen Ethnien« (Alt & Holzmüller 2006, S. 29) ausgehen können, da sich die nach 1995 Zugewanderten hinsichtlich ihrer Migrationsmotive

---

2 Für die Migranten-Zusatzerhebung wurden insgesamt 519 Familien mit Kindern im Alter von fünf bis sechs und acht bis neun Jahren untersucht. 262 Kinder und ihre Familien hatten einen Migrationshintergrund aus der ehemaligen Sowjetunion. 257 Familien hatten ein Kind, das die türkische Staatsbürgerschaft besitzt.

sowie der sozioökonomischen, demografischen und ethnischen Zusammensetzung wesentlich von den davor Zugewanderten unterscheiden.

Wandel von kulturellen Werten und Erziehungseinstellungen
Durch differenzierte Forschung über Generationenverhältnisse in Migrationsfamilien konnte nachgewiesen werden, dass hohe Familienorientierung und familiärer Zusammenhalt selbst kein Hemmnis für Integrationsprozesse sind, sondern vielmehr als Unterstützung der individuellen Bemühungen in der tendenziell unsicheren Einwanderungssituation zu betrachten sind und demzufolge eine Ressource in der Bewältigung von Migration darstellen. Auch wurden Erziehungsorientierungen in Spät-/Aussiedlerfamilien nun stärker in Abhängigkeit von ländlicher oder städtischer Herkunft, Alter und Bildungshintergrund vor allem der Mutter betrachtet. So verändert sich mit zunehmender Bildung die Erziehungseinstellung zugunsten einer individuell-psychologischen Bedeutung des Kindes, wie sie auch eher für einheimische (west)deutsche Familien kennzeichnend ist. Doch nicht nur die soziodemografischen Einflussgrößen wirken auf das Erziehungsverhalten, sondern auch die Migrationssituation selbst ist bedeutend. Zwar stellte man bei den Spät-/Aussiedlerfamilien einerseits eine Betonung von ökonomisch-utilitaristischen Werten – ähnlich wie in anderen Migrantenfamilien – im Generationsverhältnis fest (Nauck 2000). Andererseits wurden aber auch Beobachtungen gemacht, dass ihre Erziehungseinstellungen nach der Einwanderung in Deutschland einem starkem Wandel unterworfen sind. Dies lässt sich besonders in Bezug auf Konfrontation von sozialistisch-kollektivem Denken und der Orientierung am Gemeinwesen mit der leistungsorientierten, individualistisch ausgerichteten westlichen Erziehung ausmachen (Herwartz-Emden 1997).

Auch in der jüdischen Zuwandererfamilie wird ein Wandel insbesondere bei der jüngeren bzw. zweiten Generation beobachtet: »Diese Migranten besaßen in der Sowjetunion noch keine Sozialisation in der Eltern-Rolle, keine Erfahrungen mit Kindergärten, Schulen oder Erziehung. Je stärker und länger der Kontakt zur Aufnahmegesellschaft in diesen Fragen ist, umso mehr Praktiken werden scheinbar übernommen. Dies geschieht durch den Besuch von Kindergärten und den Kontakt mit einheimischen Eltern, aber bereits in der Geburtsklinik, wo die Eltern eine Unzahl an Werbematerialien und Tipps zur Pflege, Ernährung, Erziehung, dem Gebrauch von Spielzeug etc. erhalten und wo Väter, anders als in der UdSSR, bei der Geburt ihrer Kinder anwesend sein können« (Kessler 2003).

In ersten interkulturell-vergleichenden empirischen Untersuchungen von Müttern und Vätern (Herwartz-Emden 1995, 2000; Herwartz-Emden & Westphal 2000; Westphal 2000, 2010) konnte bestätigt werden, dass Spät-/Aussiedlereltern aus der ehemaligen Sowjetunion eine teilweise vollständige Neuorientierung in ihren Erziehungskonzepten erfuhren. Gewohnte geschlechtsspezifische Arbeitsteilungen, wie Erziehung ist Frauensache und Selbstbilder, zum Beispiel eine gute Mutter hat streng zu sein, erwiesen sich in der Konfrontation mit der deutschen Aufnahmegesellschaft und den Integrationserwartungen als äußerst brüchig. Frauen erlebten, dass die Männer nun als Väter stärker einzubeziehen sind und beschrieben dies unter anderem als Entlastung, zudem sie auf die Hilfe der Großeltern/-mütter weniger zurückgreifen wollten und in Deutschland keine umfassende (staatliche) Kinderbetreuung mehr zur Verfügung stand. Gleichzeitig wurde die eher autoritäre und kollektivistische Erziehung auf die sowjetische Sozialisation zurückgeführt. Hierzu ein Zitat aus einer Gruppendiskussion mit Spät-/Aussiedlerinnen: »Diese Erziehung, diese Strenge, (…) das war die reine sozialistische Vorstellung von der Erziehung der Kinder. Die Deutschen waren ja Vorbilder, weil sie besser lebten, materiell und die Kinder waren ordentlicher, die meisten war ja das Vorbild der Klasse« (Herwartz-Emden & Westphal 2000, S. 114). Im Vergleich zeigten die Studien, dass die Erziehungseinstellungen von Spät-/Aussiedlerinnen (aus der ehemaligen Sowjetunion) und Arbeitsmigrantinnen (aus der Türkei) einige Ähnlichkeiten aufwiesen: Sie stimmten jeweils den kontrollierenden Erziehungsaspekten mehr zu als die befragten einheimischen (west)deutschen Frauen. Jedoch deutete sich auch in der quantitativen Befragung bei den Spät-/Aussiedlerinnen bereits eine partielle Annäherung an permissiv-nachgiebige Aspekte für die Neuausrichtung in ihren Erziehungseinstellungen an. Im Vordergrund standen nun statt elterlicher Strenge und Autorität, Zeit für die Kinder zu haben und die Verantwortung, sich diese auch nehmen und gestalten zu müssen. Die Konfrontation mit dem als permissiv-nachgiebig wahrgenommenen Erziehungsstil in Deutschland wurde zunächst als erschreckend und dann als erstrebenswert angesehen, so ein weiteres Zitat: »Jetzt habe ich mich geändert. Ich finde das sogar viel, viel besser, denn wenn man sehr streng ist … man verletzt die Seele des Kindes. Die Kinder entscheiden, dass muss man sagen, sehr viel positiv. Zu meinem Erstaunen, ja ich dachte, man kommt mit der Freiheit nicht so gut zurecht« (a.a.O., S. 117). Auch die Väter erlebten neue Anforderungen an ihre Erziehung, vor allem durch veränderte Verhaltensweisen und Ansprüche der Kinder und Jugendlichen. Diese Entwicklung wurde unter anderem auf außerfamiliäre Kontakte der Kinder in Freizeit, Kinderbetreuung und Schule zurückgeführt. Bei vielen stellte sich eine Wandlung der innerfamiliären Statusverteilung ein, die mit einem väterlichen Autoritätsverlust korrespondierte. Insgesamt standen Eltern der hiesigen Schule eher kritisch gegenüber, doch zeigten sie sich bemüht, eine Balance zwischen eigenen und schulischen bzw. institutionellen Verhaltenserwartungen herzustellen. Im Erziehungsbereich wollten und mussten sie eine Haltung einnehmen, die eindeutig Aspekte von Permissivität integrierte. Hierzu ein Vater: »Einfach zu verbieten, das ist schwer und dann entstehen diese Spannungen zwischen uns« (Westphal 2000, S. 182). Diese Umstellung auf familiäre Aus- und Verhandlung statt Befehl, Gehorsam und Gebote wurde mit Blick auf die Eltern-Kind-Beziehung als notwendige Anpassung an die neue Gesellschaft betrachtet (Westphal 2006).

Diese Ergebnisse wurden weitgehend von weiteren qualitativ ausgerichteten Untersuchungen bestätigt. Lingau (2000) stellt fest, dass die von ihr Befragten zwar ausnahmslos aus Familien stammen, in denen eine »auf den Prinzipien des Gehorsams und Respektes basierende konservativ-autoritäre Erziehung« (S. 110) praktiziert wurde, sie selbst sich jedoch zum Teil kritisch von den Erziehungseinstellungen ihrer Eltern distanzierten und eine partnerschaftliche Beziehung zu ihren Kindern anstrebten. Auch Bauer zeigt auf, dass traditionell-autoritäre Erziehungseinstellungen nur bei einer Minderheit und vor allem bei älteren Geburtsjahrgängen vorherrschen, »deren Erziehungspraxis in den Herkunftskontext der Alt-Sowjetunion mit seinem sozialistisch-kollektiv orientierten Denken und einer grundlegenden Orientierung am Gemeinwesen involviert war« (2007, S. 206). Dass diese Einstellungen oft bei religiös, hier pietistisch, orientierten Spät-/Aussiedlern vorherrschen, konnte ebenfalls nicht bestätigt werden. In der jüngeren Generation wurden hingegen eher modifizierte Mischerziehungskonzepte, die zum Teil sowohl autoritär-konservative als auch zärtlich-behütende, demokratische, permissive oder Laisser-faire Erziehungselemente enthalten, festgestellt.

Auch Farrokhzad et al. kommen in ihrer Studie über das intergenerative Verhalten in Familien zu dem Ergebnis, dass die Erziehungspraxis von Spät-/

Aussiedlereltern als insgesamt etwas strenger und leistungsorientierter beschrieben werden kann. Grundsätzlich scheint aber »für die ältere Generation (insbesondere bei denen aus der ehem. SU) diesbezüglich kennzeichnend, dass sie manche kulturellen Werte aus dem Herkunftsland bewahren will, indem sie diese sowohl von sich selbst, als auch von den Kindern verlangt. Im Vergleich zu den Befragten ohne Zuwanderungsgeschichte waren solche Werte z.B. Respekt vor Älteren, Fleiß, frühes Verantwortungsbewusstsein, innerfamiliärer Zusammenhalt und Höflichkeit« (2011, S. 230).

Hinweise darauf, dass die Erziehungseinstellungen vor allem von dem Bildungshintergrund der Eltern abhängen, gibt eine vergleichende Studie von russischen Immigranten in Israel und russlanddeutschen Spät-/Aussiedlern (Krentz 2002). Eine aktuelle Studie, in der Mütter und Großmütter russisch-jüdischer Herkunft in Deutschland und Israel (Aufnahmekontexte) sowie auch Mütter und Großmütter in Russland und der Ukraine (Hauptherkunftskulturen dieser Migrantengruppe) befragt werden, liefert weitere Belege für das Nachlassen autoritären Verhaltens in der Erziehung zugunsten autonomieorientierter Einstellungen vor allem bei den Müttern (Dintsioudi 2012).

Familienstruktur, sozioökonomische Situation und Bildung
Die ehemals als groß beobachtete Familie der Spät-/Aussiedler hat sich inzwischen im Hinblick auf die Kinderzahl (durchschnittlich 1,6) weitgehend an die Bevölkerung ohne Migrationshintergrund angepasst (Herwartz-Emden 2010, S. 27). Die Kinder leben überwiegend (etwas häufiger als einheimische und seltener als türkischstämmige) in Familien mit verheirateten Eltern. Häufiger als bei anderen Migrantengruppen und etwas seltener als bei Einheimischen sind alleinerziehende Haushalte zu beobachten (a.a.O.). Allerdings scheint die jüngere weibliche Generation nicht mehr ausschließlich die Ehe als die traditionelle Lebensform für Paare zu bevorzugen (vgl. Boos-Nünning & Karakaşoğlu-Aydin 2005).

Die Situation von Spät-/Aussiedlerkindern beschreiben Alt und Holzmüller im Vergleich mit Kindern in Migrantenfamilien türkischer Herkunft folgendermaßen: »Die Aussiedlerkinder haben weniger Geschwister, wachsen in Familien auf, die über eine überdurchschnittliche Bildung verfügen« (2006, S. 36). Der Bildungshintergrund der Zugewanderten aus der ehemaligen Sowjetunion ist insgesamt eher hoch. Rund 21 Prozent der Männer und 29 Prozent der Frauen – und sogar 52 Prozent der Ausländerinnen und 48

Prozent der Ausländer unter ihnen – haben einen akademischen Hintergrund (Statistisches Bundesamt 2011, eigene Berechnung). Diese überdurchschnittlich hohe Zahl der Hochschulabschlüsse in dieser Migrationsbevölkerung ist teilweise auch auf die Gruppe der jüdischen Zugewanderten zurückzuführen.

Die wirtschaftliche Lage der Spät-/Aussiedlerfamilien ist allerdings stark vom Einwanderungszeitpunkt abhängig. Familien, die vor 2000 eingewandert waren, sind häufiger berufstätig und verfügen über ein höheres Einkommen. Später zugewanderte Familien weisen eine wesentlich problematischere Situation auf. Trotz hoher Bildung haben sie deutliche Schwierigkeiten mit der deutschen Sprache, vor allem Frauen sind stärker von Erwerbslosigkeit betroffen (vgl. Alt & Holzmüller 2006). Rund 70 Prozent der Spät-/Aussiedlermütter in der Stichprobe des Kinderpanels des Deutschen Jugendinstituts sind nicht erwerbstätig, bei den nach 2000 Zugewanderten sind es sogar 83 Prozent (a.a.O., S. 35). Im Vergleich zu Müttern ohne und mit anderen Migrationshintergründen arbeiten sie aber häufiger in Vollzeit (a.a.O.). Ihre Kinder werden jedoch insgesamt im Vergleich zu den einheimischen etwas seltener in Kindertageseinrichtungen betreut, allerdings vergleichbar häufig wie die Kinder türkischer Herkunft. Die vergleichsweise niedrigen Kindergartenbesuchsquoten können teilweise sicher mit Erwerbslosigkeit und einem damit verbundenen niedrigen Familieneinkommen einhergehen (Joos 2006; Otyakmaz & Westphal 2012). Die Kinder der Spät-/Aussiedler nutzen aber deutlich stärker als die Vergleichsgruppen Ganztagsschulen und Nachmittagsbetreuung (Joos 2006).

Spät-/Aussiedlerfamilien sind einerseits stärker von Armut betroffen als die einheimische Bevölkerung, andererseits jedoch deutlich weniger als ausländische Familien (Butterwegge 2010). Butterwegge identifiziert in ihrer vergleichenden Analyse der aktuellen Befunde zur »Armut von Kindern mit Migrationshintergrund« einen großen Teil der Spät-/Aussiedlerfamilien in einer deprivierten Lebenslage, deren Kinder häufiger Probleme bei der Bewältigung von Schule und Ausbildung haben. Gleichwohl gehört auch ein Teil der sozioökonomisch Etablierten zu den Bildungserfolgreichen (a.a.O., S. 330ff.).

Trotz der eher prekären sozioökonomischen Ausgangssituation scheinen die Spät-/Aussiedlerkinder insgesamt eher schulische Bildungserfolge im Vergleich zu anderen Migrantenkindern zu erlangen. So haben sie auch in der Kinderpanel-Untersuchung bessere Schulleistungen als Kinder mit türkischem Migrationshintergrund (Steinbach 2006, S. 213). Welche Einflussfaktoren die relativ erfolgreichen Bildungskarrieren der Spät-/Aussiedlerkinder bedingen, ist nicht eindeutig geklärt. Diefenbach (2006) stellt in Bezug auf die Bildungsaspirationen insgesamt keine bedeutenden Unterschiede zwischen Eltern mit und ohne Migrationshintergrund in der Kinderpanel-Stichprobe fest. Anders als die türkischen oder deutschen Mütter sind die Spät-/Aussiedlermütter aus der Stichprobe (unabhängig von ihrem sozialen Status) jedoch weniger zufrieden mit den Schulleistungen ihrer Kinder (Betz 2006, S. 148), was auf einen höheren Leistungsanspruch hindeutet. Auch machen sie sich am meisten Sorgen hinsichtlich der Schulleistungen ihrer Kinder (a.a.O., S. 141). Ferner ermöglichen sie ihren Kindern häufiger die Teilnahme an außerschulischen Aktivitäten wie in Vereinen und außerschulischem Unterricht als Migranteneltern türkischer Herkunft – im Vergleich zu einheimischen Eltern allerdings wiederum weniger (a.a.O., S. 144f.). Ein weiterer Einflussfaktor zeigt sich in den Sprachkenntnissen. Größere Vorteile scheinen insbesondere die Kinder zu haben, die in beiden Sprachen zuhause sind (Alt 2012). Auch zeigten sich die Sprachkenntnisse der Kinder von denen der Mütter abhängig, dabei verfügten die Spät-/Aussiedlermütter über bessere Deutschkenntnisse als türkische Mütter (Steinbach 2006, S. 197f.). Anders als Kinder in Familien türkischer Herkunft, die oft in zwei Sprachwelten aufwachsen – sie sprechen zu Hause mit den Eltern Türkisch und mit Geschwistern und Freunden Deutsch –, erlernen nach Ergebnissen des Kinderpanels die Spät-/Aussiedlerkinder die deutsche Sprache auch häufiger innerhalb der Familie (Beisenherz 2006, S. 46).

Familienmilieus, -werte und Geschlechterarrangements
Spät-/Aussiedler leben häufiger als andere Migranten räumlich nahe beieinander und öfter als Einheimische gar zusammen, pflegen intensive soziale Kontakte und ermöglichen bzw. erwarten gegenseitige Hilfeleistungen. Ältere Generationen sind auch aufgrund des Rentenbezugs – ähnlich den Einheimischen – häufig in der Lage, die nächste Generation bei Bedarf nicht nur sozial, sondern auch finanziell zu unterstützen (vgl. Baykara-Krumme 2007). Insgesamt werden zur Qualität innerfamiliärer Beziehungen im interkulturellen Vergleich jedoch nur wenige kulturelle Differenzen in neueren Studien festgestellt. Allen ist die emotionale Verbundenheit zu ihren Eltern sehr wichtig, über Konflikte mit Eltern berichten eher einheimische deutsche Befragte als Zugewanderte[3] (Baykara-Krumme et al. 2011, S. 268ff.).

Generationen- und Geschlechterverhältnisse sind insgesamt weniger durch die ethnisch-nationale Herkunft als vielmehr durch die Milieuzugehörigkeit – also das Zusammenspiel von Lebensstil prägenden Faktoren wie Bildung, Einkommen, Religiosität etc. – bestimmt. Gemäß der Sinus Milieu Studien verteilen sich die Spät-/Aussiedlerfamilien relativ gleichmäßig auf alle Milieus, ähnlich wie diejenigen mit türkischem Migrationshintergrund. Etwa ein Viertel von ihnen ist einem traditionellen Arbeitermilieu zuzuordnen (Arnold & Maier 2010, S. 12). Weitere Analysen zu Jugendlichen und jungen Erwachsenen zeigen, dass sich diejenigen aus der ehemaligen Sowjetunion deutlich entlang individualistischer Werte (a.a.O., S. 20) orientieren. Insbesondere die jungen Frauen (gut ein Drittel) werden eher als »beruflich und intellektuell ambitioniert mit internationalen Perspektiven und ausgeprägtem individualistischen Leistungsethos und Karriereansprüchen« beschrieben (a.a.O., S. 34f.).

Vorstellungen zur gelebten und gewünschten Aufgaben- und Arbeitsteilung nach Geschlecht in der Familie, wie Erwerbsarbeit, Kinderbetreuung und Erziehung sowie Haushalt, sind insgesamt stark von Bildungsstand und Generationenzugehörigkeit abhängig. Die jüngere Generation (18- bis 28jährige) der Spät-/Aussiedler wünscht sich – ähnlich wie die Einheimischen – künftig für ihre eigenen Familien egalitäre Geschlechterarrangements (Farrokhzad et al. 2011), wohingegen bei ihren Eltern eher konservative Geschlechterarrangements gelebt werden. Jedoch können Familiengründung, Geburt des ersten Kindes und fehlende Erwerbsbeteiligungsmöglichkeiten auch zur Retraditionalisierung der Geschlechterarrangements führen (a.a.O., S. 234). Ein durchgängiges Ergebnis vorliegender Studien ist, dass vor allem junge Spät-/Aussiedler sich deutlich stärker an egalitär-individualistischen Werten orientieren (vgl. Farrokhzad et al. 2011; Arnold & Maier 2010; Boos-Nünning & Karakaşoğlu-Aydin 2005).

Fazit
Durch die vorrangige Fokussierung in Forschung und Praxis auf einzelne ethnisch-kulturell oder nach Einreisestatus bestimmte Gruppen, wie die Spät-/Aussiedlerfamilie, sind Integrationsprozesse von Familien aus der Region der ehemaligen Sowjetunion bislang nur unvollkommen abgebildet.

---

3   Die Analysen beziehen sich auf die Alterskohorten zwischen 25 und 27 und 35 und 37 Jahren sowie ihre Eltern (Baykara-Krumme, Klaus & Steinbach 2011, S. 265).

Neuorientierungen und Umstellungen im Bereich der kulturellen Wertorientierungen und Erziehungseinstellungen in den Familien verlaufen nicht einheitlich und linear. Neben Geschlecht, Alter, Bildungshintergrund, sozioökonomischer Lage und Migrationsgeneration sind diese auch durch unterschiedliche Migrationsmotivationen und Integrationsbedingungen beeinflusst. Diese kulturelle und soziale Heterogenität und Pluralisierung innerhalb der Gruppe der Menschen mit Migrationshintergrund aus der ehemaligen Sowjetunion ist bei der pädagogischen Arbeit im Blick zu behalten. Somit sind die Erziehungsvorstellungen daher erst differenziert in Erfahrung zu bringen und nicht einseitig vorauszusetzen. Eher als traditionell wahrgenommene Ausrichtungen, wie hohe Familienorientierung und mehr an Autorität und Leistung orientierte Erziehungseinstellungen, dürfen weder nur allein als Defizite noch als Ressourcen betrachtet werden. Es ist eine interkulturelle Herausforderung, die Erziehungseinstellungen in einem mehrdimensionalen Kontext sensibel zu analysieren und zu reflektieren. Das Einnehmen einer geschlechterdifferenzierenden und -bewussten Perspektive ist dabei zentral, wie die dargelegten Befunde nahelegen. Erzieherische Hilfen und gezielte Bildungs-/Förderprogramme für Spät-/Aussiedlerfamilien können, so unser Fazit, nur eingeschränkt wirksam sein, wenn sie sich konzeptionell allein an Vorgaben und Erwartungen der Aufnahmegesellschaft sowie an Vorannahmen über spezifische Migrantenfamilien orientieren. Interkulturelle Kompetenz in der Zusammenarbeit mit Spät-/Aussiedlerfamilien bedeutet zunächst, die elterlichen Erziehungskonzepte wie die alltäglich erbrachten Erziehungsleistungen anzuerkennen (Westphal 2009).

Literatur

Ahnert, L., Meischner, T. & Schmidt, A.(1995): Äquivalenzen in frühkindlichen Interaktionsmustern. Ein Vergleich von russischen und deutschen Mutter-Kinder-Dyaden. In: G. Trommsdorf (Hrsg.): Kindheit und Jugend in verschiedenen Kulturen (S. 65–82). Weinheim/München: Juventa.

Alt, C. (Hrsg.) (2006): Kinderleben – Integration durch Sprache? Band 4: Bedingungen des Aufwachsens von türkischen, russlanddeutschen und deutschen Kindern. Schriften des Deutschen Jugendinstituts: Kinderpanel. Wiesbaden: VS Verlag für Sozialwissenschaften.

Alt, C. (2012): Familien türkischer, russlanddeutscher und deutscher Kinder im Vergleich. In: M. Krüger-Potratz & H.H. Reich (Hrsg.): Familien- und Jugendpolitik in der Einwanderungs gesellschaft. Beiträge der Akademie für Migration und Integration. Otto Benecke Stiftung e.V. (S. 43–52). Göttingen: V&R unipress.

Alt, C. & Holzmüller, H. (2006): Der familiale Hintergrund türkischer und russlanddeutscher Kinder. In: C. Alt (Hrsg.): Kinderleben – Integration durch Sprache? (S. 23–38). Wiesbaden: VS Verlag für Sozialwissenschaften.

Arnold, N. & Maier, W. (Hrsg.) (2010): Lebenswelten von Jugendlichen mit Migrationshintergrund. Herausforderungen und Perspektiven. St. Augustin/Berlin: Konrad-Adenauer-Stiftung.

Bauer, D.-J. (2007): Aussiedlerfamilien zwischen Tradition und Moderne: eine empirische Untersuchung aus der Sicht russlanddeutscher Frauen. Saarbrücken: VDM, Müller.

Baykara-Krumme, H. (2007): Migrantenfamilien: Gar nicht so anders. Discussion Paper Nr. SP IV 2007–604. http://www2000.wzb.eu/alt/aki/publications.de.htm (Zugriff am 30.08.2012).

Baykara-Krumme, H., Klaus, D. & Steinbach, A. (2011): Generationenbeziehungen in Deutschland. Ein Vergleich der Beziehungsqualität in einheimischen deutschen Familien, Familien mit türkischem Migrationshintergrund und Aussiedlerfamilien. In: J. Brüderl, L. Castiglioni & N. Schumann (Hrsg.): Partnerschaft, Fertilität und intergenerationale Beziehungen. Ergebnisse der ersten Welle des Beziehungs- und Familienpanels (S. 259–286). Würzburg: Ergon.

Beisenherz, G. (2006): Sprache und Integration. Zu Unterschieden der Sprachverwendung ausländischer Grundschulkinder in Familie und Gleichaltrigengruppe. In: C. Alt (Hrsg.): Kinderleben – Integration durch Sprache? (S. 39-69). Wiesbaden: VS Verlag für Sozialwissenschaften.

Betz, T. (2006): Milieuspezifisch und interethnisch variierende Sozialisationsbedingungen und Bildungsprozesse von Kindern. In: C. Alt (Hrsg.): Kinderleben – Integration durch Sprache? (S. 117–153). Wiesbaden: VS Verlag für Sozialwissenschaften.

Boos-Nünning, U. & Karakaşoğlu-Aydin, Y. (2005): Viele Welten leben: zur Lebenssituation von Mädchen und jungen Frauen mit Migrationshintergrund. Münster: Waxmann.

Bundesamt für Migration und Flüchtlinge (BAMF) (2012): Migrationsbericht des Bundesamtes für Migration und Flüchtlinge im Auftrag der Bundesregierung. Berlin.

Bundesministerium für Familie, Senioren, Frauen und Jugend (BMFSFJ) (2000): Sechster Familienbericht. Familien ausländischer Herkunft in Deutschland. Leistungen – Belastungen – Herausforderungen. Berlin.

Bundesministerium für Familie, Senioren, Frauen und Jugend (BMFSFJ) (2006): Zwölfter Kinder- und Jugendbericht. Bericht über die Lebenssituation junger Menschen und die Leistungen der Kinder- und Jugendhilfe in Deutschland. Berlin.

Butterwegge, C. (2010): Armut von Kindern mit Migrationshintergrund. Ausmaß, Erscheinungsformen und Ursachen. Wiesbaden: VS Verlag für Sozialwissenschaften.

Diefenbach, H. (2006): Die Bedeutung des familialen Hintergrunds wird überschätzt. Einflüsse auf schulische Leistungen von deutschen, türkischen und russlanddeutschen Grundschulkindern. In: C. Alt (Hrsg.): Kinderleben – Integration durch Sprache? (S. 219–258). Wiesbaden: VS Verlag für Sozialwissenschaften.

Dietz, B. (1992): Anders als die anderen. Zur Situation der Deutschen in der Sowjetunion und der deutschen Aussiedler in der Bundesrepublik. In: Osteuropa, 42. Jg., H. 2, S. 147-170.

Dietz, B. et al. (1998): Jugendliche Aussiedler: Porträt einer Zuwanderergeneration. Frankfurt/Main: Campus.

Dintsioudi, A. (2012): Familienmigration und ihr Einfluss auf Sozialisationsziele. http://nifbe.de/pages/das-institut/forschung/entwicklung.../projekte/familienmigration.php (Zugriff am 03.09.2012).

Farrokhzad, S., Ottersbach, M., Tunc, M. & Meuer-Willuweit, A. (2011): Verschieden – Gleich – Anders?: Geschlechterarrangements im intergenerativen und interkulturellen Vergleich. Wiesbaden: VS Verlag für Sozialwissenschaften.

Herwartz-Emden, L. (1995): Mutterschaft und weibliches Selbstkonzept. Eine interkulturell-vergleichende Untersuchung. Weinheim/München: Juventa.

Herwartz-Emden, L. (1997): Erziehung und Sozialisation in Aussiedlerfamilien. Einwanderungskontext, familiäre Situation und elterliche Orientierungen. In: Politik und Zeitgeschichte (Beilage, Das Parlament), B7, S. 3–9.

Herwartz-Emden, L. (Hrsg.) (2000): Einwandererfamilien: Geschlechterverhältnisse, Erziehung und Akkulturation. Osnabrück: Rasch.

Herwartz-Emden, L. & Westphal, M (2000): Konzepte mütterlicher Erziehung. In: L. Herwartz-Emden (Hrsg.): Einwandererfamilien: Geschlechterverhältnisse, Erziehung und Akkulturation (S. 99–120). Osnabrück: Rasch.

Herwartz-Emden, L. & Westphal, M. (2002): Integration junger Aussiedler. Entwicklungsbedingungen und Akkulturationsprozesse. In: J. Oltmer (Hrsg.): Migrationsforschung und interkulturelle Studien (S. 229–259). Osnabrück: Rasch.

Herwartz-Emden, L., Schurt, V. & Waburg, W. (2010): Aufwachsen in heterogenen Sozialisationskontexten. Wiesbaden: VS Verlag für Sozialwissenschaften.

Joos, M. (2006): Strukturelle Betreuungsverhältnisse von deutschen, türkischen und russlanddeutschen Kindern. Empirische Befunde zu institutionellen Betreuungsarrangements und deren Bildungsfunktion im interethnischen Vergleich. In: C. Alt (Hrsg.): Kinderleben – Integration durch Sprache? (S. 259–289). Wiesbaden: VS Verlag für Sozialwissenschaften.

Kessler, J. (2003): Jüdische Migration aus der ehemaligen Sowjetunion seit 1990. Berlin. http://www.berlin-judentum.de/gemeinde/migration.html (Zugriff am 03.09.2012).

Kienbaum, J. (1995): Sozialisation von Mitgefühl und prosozialem Verhalten. Ein Vergleich deutscher und sowjetischer Kindergartenkinder. In: G. Trommsdorf (Hrsg.): Kindheit und Jugend in verschiedenen Kulturen (S. 83–108). Weinheim/München: Juventa.

Kiesel, D. (2007): Integrationsmuster jüdischer Zuwanderer aus der ehemaligen Sowjetunion in Deutschland. In: Bildung und Erziehung, 60/3, S. 329–339.

Krentz, S. (2002): Intergenerative Transmission von Erziehungseinstellungen bei Migranten aus der ehemaligen Sowjetunion in Deutschland und Israel. In: Zeitschrift für Soziologie der Erziehung und Sozialisation, 22/1, S. 79–99.

Lingau, S. (2000): Erziehungseinstellungen von Aussiedlerinnen aus Russland: Ergebnisse einer regionalen empirischen Studie. Schriftenreihe des IBKM an der Carl von Ossietzky Universität Oldenburg. Oldenburg: BIS.

Müller-Wille, C. (2002): Das Ankommen. Mit sprachlosem Heimweh neue Wurzeln fassen. Osnabrück: Ekkart.

Nauck, B. (2000): Eltern-Kind-Beziehungen in Migrantenfamilien – ein Vergleich zwischen griechischen, italienischen, türkischen und vietnamesischen Familien in Deutschland. In: Sachverständigenkommission Sechster Familienbericht (Hrsg.): Empirische Beiträge zur Familienentwicklung und Akkulturation (S. 347–392). Opladen: Leske & Budrich.

Otyakmaz, B & Westphal, M. (2012): Außerfamiliäre Betreuung von Kindern mit Migrationshintergrund: Der wissenschaftliche Diskurs um institutionelle Kindertagesbetreuung im Kontext von Migration. In: M. Wolf (Hrsg.): Child Care. Kulturen, Konzepte und Politiken der Fremdbetreuung von Kindern aus geschlechterkritischer Perspektive. Weinheim/München: Juventa.

Schmitt-Rodermund, E. & Silbereisen, R.K. (1995): Akkulturation von Entwicklungsorientierungen jugendlicher Aussiedler. Bedeutung von Familie und Peers. In: G. Trommsdorf (Hrsg.): Kindheit und Jugend in verschiedenen Kulturen (S. 263–292). Weinheim/München: Juventa.

Statistisches Bundesamt (2011): Bevölkerung mit Migrationshintergrund – Ergebnisse des Mikrozensus – Fachserie 1, Reihe 2.2 – 2010. Wiesbaden.

Steinbach, A. (2006). Sozialintegration und Schulerfolg von Kindern aus Migrantenfamilien. In: C. Alt (Hrsg.): Kinderleben – Integration durch Sprache? (S. 185–218). Wiesbaden: VS Verlag für Sozialwissenschaften.

Westphal, M. (1997): Aussiedlerinnen: Geschlecht, Beruf und Bildung unter Einwanderungsbedingungen. Bielefeld: Kleine.

Westphal, M. (2000): Vaterschaft und Erziehung. In: L. Herwartz-Emden (Hrsg.): Einwandererfamilien: Geschlechterverhältnisse – Erziehung – Akkulturation (S. 121–204). Osnabrück: Rasch.

Westphal, M. (2006): Modernisierung von Männlichkeit und aktive Vaterschaft – kein Thema für Migranten? In: H. Werneck, M. Beham & D. Paltz (Hrsg.): Aktive Vaterschaft. Männer zwischen Familie und Beruf (S. 164–176). Gießen: Psychosozial.

Westphal, M. (2009): Interkulturelle Kompetenzen als Konzept der Zusammenarbeit mit Eltern. In: S. Fürstenau & G. Gomolla (Hrsg.): Migration und schulischer Wandel: Elternbeteiligung (S. 89–106). Wiesbaden: VS Verlag für Sozialwissenschaften.

Westphal, M. (2010): Vaterschaft und Mutterschaft im interkulturellen Vergleich. In: V. Fischer & M. Springer (Hrsg.): Handbuch Migration und Familie. Grundlagen für die Soziale Arbeit mit Familien (S. 231–239). Schwalbach/Ts.: Wochenschau Verlag.

Der interkulturelle Aspekt in den Bildungs- und Orientierungsplänen

Jörn Borke

DIE EXISTENZ UND BEDEUTUNG von kulturellen Unterschieden hat mittlerweile zu Recht eine breite Anerkennung in der Frühpädagogik erfahren. Auch im Sozialgesetzbuch (§ 9 SGB VIII, Grundrichtung der Erziehung, Gleichberechtigung von Mädchen und Jungen) ist die Notwendigkeit für eine Berücksichtigung von kultureller Vielfalt bzw. Interkulturalität im Rahmen der Erziehung von Kindern verankert:

»Bei der Ausgestaltung der Leistungen und der Erfüllung der Aufgaben sind […]

2. die wachsende Fähigkeit und das wachsende Bedürfnis des Kindes oder des Jugendlichen zu selbständigem, verantwortungsbewusstem Handeln sowie die jeweiligen besonderen sozialen und kulturellen Bedürfnisse und Eigenarten junger Menschen und ihrer Familien zu berücksichtigen …« (§ 9 Abs. 2 SGB VIII).

Dementsprechend findet sich das Thema Interkulturalität auch in den jeweiligen Bildungs- und Orientierungsplänen[4] der Bundesländer für die Arbeit in pädagogischen Einrichtungen, die ab 2001 vorgelegt wurden. Sie unterscheiden sich nicht alleine in Umfang, Namensgebung und Verbindlichkeit, sondern zeigen auch inhaltlich teilweise deutliche Unterschiede. Im Folgenden sollen die Bildungs- und Orientierungspläne der Bundesländer daher hinsichtlich der Behandlung der Themen Kultur und Interkulturalität verglichen werden. Dabei werden lediglich die Textstellen betrachtet, in denen es um den frühpädagogischen Umgang mit kultureller Vielfalt geht. Die Beschreibungen von Kultur im Sinne künstlerischer Prozesse oder Produkte oder auch im Sinne allgemeiner Verhaltensrichtlinien, zum Beispiel einer Kultur des Miteinander, finden dabei keine Berücksichtigung.

---

4 Die einzelnen Bildungs- und Orientierungspläne sind zum Beispiel auf folgender Website aufgeführt: http://www.bildungsserver.de/zeigen.html?seite=2027 (Zugriff am 14.06.2012).

Die einzelnen Bundesländer im Vergleich

Umfang der Auseinandersetzung mit dem Thema Interkulturalität
Im Folgenden sollen die einzelnen Bildungs- und Orientierungspläne der 16 Bundesländer hinsichtlich ihres Umfanges und der Tiefgründigkeit, mit der sie sich dem Thema Interkulturalität widmen, eingeordnet werden. Dies kann hier aus Platzgründen lediglich in sehr geraffter Form geschehen, doch sind dabei schon deutliche Unterschiede zu erkennen:

Nordrhein-Westfalen	In der »Bildungsvereinbarung NRW – Fundament stärken und erfolgreich starten« findet sich zwar der »Bildungsbereich« **Natur und kulturelle Umwelt(en)**, es wird dabei aber kaum Bezug auf Aspekte der kulturellen Vielfalt genommen.
Niedersachsen & Brandenburg	Ähnlich kurz wie in NRW kommt der Bereich in Niedersachsen (**Orientierungsplan Bildung und Erziehung im Elementarbereich niedersächsischer Tageseinrichtungen für Kinder**) sowie in Brandenburg (**Grundsätze elementarer Bildung in Einrichtungen der Kindertagesbetreuung im Land Brandenburg**). In beiden Plänen werden lediglich an vergleichsweise wenigen Stellen und sehr allgemein die Existenz von kulturellen Unterschieden und deren Bedeutung angesprochen.
Sachsen	Auch der »**Sächsische Bildungsplan – ein Leitfaden für pädagogische Fachkräfte in Krippen, Kindergärten und Horten sowie für Kindertagespflege**« lässt sich einer Gruppe zuordnen, in der eher weniger auf das Thema Interkulturalität eingegangen wird – und wenn, dann eher allgemein und in Verbindung mit Grundideen der Inklusion.
Bremen	Im Bremer »**Rahmenplan für Bildung und Erziehung im Elementarbereich**« gibt es den »Bildungsbereich« **Soziales Lernen, Kultur und Gesellschaft** und den Unterpunkt **Förderung der kindlichen Individualität, Stärkung der sozialen und kulturellen Identität** beim Aspekt »Die Arbeit der Fachkräfte«. Auch hier ist der Bezug zum Thema Interkulturalität allerdings recht kurz und allgemein gehalten.
Mecklenburg-Vorpommern	In der »**Bildungskonzeption für 0- bis 10-jährige Kinder in Mecklenburg-Vorpommern**« werden als ein »Bildungs- und Erziehungsbereich« **(Inter)kulturelle und soziale Grunderfahrungen; Welterkundung und naturwissenschaftliche Grunderfahrungen** beschrieben. Auch hier bleiben die Ausführungen allerdings recht allgemein und unkonkret.

Thüringen & Rheinland-Pfalz	Etwas umfangreichere und genauere Aspekte zum Thema Interkulturalität finden sich im »Thüringer Bildungsplan für Kinder bis 10 Jahre«. Dort wird der »Bildungsbereich« **Soziokulturelle, moralische und religiöse Bildung** angeführt, und auch im **Bildungs- und Erziehungsplan für Kindertagesstätten in Rheinland-Pfalz** findet sich im eigens angeführten »Bildungs- und Erziehungsbereich« **Interkulturelles und interreligiöses Lernen** eine etwas umfangreichere Auseinandersetzung mit dem Thema, die sich aber vor allem auf das gegenseitige Kennenlernen und Wertschätzen von Vielfalt bezieht, dabei allerdings auch eher allgemein bleibt.
Baden-Württemberg	In den **Informationen zum Orientierungsplan für Bildung und Erziehung in baden-württembergischen Kindergärten und weiteren Kindertageseinrichtungen** findet sich unter dem Punkt »Grundlagen« das Kapitel **Vielfalt, Unterschiedlichkeit und Gemeinsamkeit** und dort der Unterpunkt **Unterschiedliche kulturelle Erfahrungen.** Auch wenn die Ausführungen zur Interkulturalität keinen sehr großen Umfang haben, so zeichnen sie sich dadurch aus, dass dies der einzige Bildungs- und Orientierungsplan ist, in dem auf die Bedeutung von unterschiedlichen Ausprägungen hinsichtlich psychologischer Autonomie und Orientierung an Verbundenheit eingegangen wird und somit wichtige Hintergründe für eine kultursensitive Arbeit im Sinne des in diesem Buch vertretenen Ansatzes dargelegt werden. Diese Grundlagen bleiben allerdings hinsichtlich ihres Praxisbezuges eher unpräzise sowie unverbunden mit den anderen Inhalten.
Hessen	Im Hessischen Bildungsplan **Bildung von Anfang an – Bildungs- und Erziehungsplan für Kinder von 0 bis 10 Jahren** in Hessen gibt es den Unterpunkt **Kinder mit verschiedenem kulturellem Hintergrund** beim Thema »Umgang mit individuellen Unterschieden und soziokultureller Vielfalt« sowie den Unterpunkt **Gesellschaft, Wirtschaft und Kultur** beim Thema »Verantwortungsvoll und wertorientiert handelnde Kinder«. Dabei wird an vielen Stellen auf das Thema Interkulturalität eingegangen, allerdings auch hier in recht allgemeiner Form.
Schleswig-Holstein	Die Schleswig-Holsteiner **Leitlinien zum Bildungsauftrag in Kindertageseinrichtungen** führen als eine »Querschnittsdimension von Bildung in Kindertageseinrichtungen« die **Interkulturelle Orientierung – Berücksichtigung der Verhältnisse unterschiedlicher Kulturen** an. Hier finden sich recht gute Ausführungen zur Interkulturellen Orientierung mit guten Reflexionsanregungen, aber auch wenig konkreten Handlungsumsetzungen.

Berlin, Hamburg, Saarland	Das Berliner Bildungsprogramm für die Bildung, Erziehung und Betreuung von Kindern in Tageseinrichtungen bis zu ihrem Schuleintritt, die Hamburger Bildungsempfehlungen für die Bildung und Erziehung von Kindern in Tageseinrichtungen und das Bildungsprogramm für Saarländische Kindergärten stammen alle drei von derselben Autorengruppe und sind geprägt von den Ideen des Situationsansatzes, der Inklusion und des Anti-Bias-Ansatzes. Im Berliner und Hamburger Plan wird der »Bildungsbereich« Soziale und kulturelle Umwelt beschrieben, im Saarländischen Plan der »Bildungsbereich« Soziale und kulturelle Umwelt, Werteerziehung und religiöse Bildung. Das Thema Interkulturalität zieht sich bei allen drei Plänen durch das gesamte Programm und es wird immer wieder betont, dass kulturelle Unterschiede der Kinder und Familien wahrgenommen und berücksichtig werden sollen; auch gibt es viele Anregungen, die sich aber vor allem auf das gegenseitige Kennenlernen fokussieren.
Bayern	Der Bayerische Bildungs- und Erziehungsplan für Kinder in Tageseinrichtungen bis zur Einschulung setzt sich in mehreren Unterpunkten mit dem Thema Kultur auseinander. Beim Thema »Menschenbild und Prinzipien, die dem Bildungs- und Erziehungsplan zugrunde liegen« gibt es den Unterpunkt Umgang mit individuellen Unterschieden und soziokultureller Vielfalt, beim Thema »Themenübergreifende Bildungs- und Erziehungsperspektiven« den Unterpunkt Umgang mit individuellen Unterschieden und soziokultureller Vielfalt und beim Thema »Umgang mit individuellen Unterschieden und soziokultureller Vielfalt« den Unterpunkt Kinder mit verschiedenem kulturellem Hintergrund – Interkulturelle Erziehung. Allgemein lässt sich sagen, dass Interkulturalität sich als Thema durch weite Bereiche hindurchzieht, zumeist mit Ideen der Inklusion verbunden. Auch hier gibt es aber wenig konkrete Umsetzungsideen, es werden allerdings einige ausformulierte Fallbeispiele dargestellt.
Sachsen-Anhalt	Im Bildungsprogramm des Landes Sachsen-Anhalt Bildung: elementar – Bildung von Anfang an. Bildungsprogramm für Kindertagesstätten in Sachsen-Anhalt gibt es den »Bildungsbereich« (Inter)kulturelle und soziale Grunderfahrungen. Hier finden sich gute Ansätze und Formulierungen zur Interkulturalität und zum Umgang mit kultureller Vielfalt, aber bezüglich der Umsetzung bleibt auch hier vieles eher abstrakt.

Zusammenfassend lässt sich sagen, dass das Thema Interkulturalität in allen Bildungs- und Orientierungsplänen zumindest angesprochen wird. In vielen geschieht dies allerdings in sehr geringem Umfang, in einigen nimmt es schon einen recht breiten Raum ein und zieht sich dabei teilweise sogar als Querschnitts-Thema durch alle Bereiche. Hinsichtlich der konkreten Umsetzungsmöglichkeiten in der pädagogischen Arbeit bleiben die Pläne aber eher allgemein und abstrakt.

Inhaltliche Schwerpunksetzung zum Thema Interkulturalität

Bei der Auseinandersetzung mit dem Thema Interkulturalität wird in den Bildungs- und Orientierungsplänen zumeist der Aspekt der Öffnung für kulturelle Unterschiede und deren Einbindung in die pädagogische Arbeit thematisiert, wie an folgenden Beispielen aus unterschiedlichen Bildungsplänen verdeutlicht werden soll:

>*Kindertagesstätten sind in besonderer Weise Orte, in denen sich Kinder und Erwachsene unterschiedlicher Herkunft, Nationalität, Kultur und Religion unbefangen begegnen können*< (Bildungs- und Erziehungsplan für Kindertagesstätten in Rheinland-Pfalz, S. 30).

>*Für verschiedene Kulturen aufgeschlossen sein; die kulturellen und religiösen Verschiedenheiten im Leben von Menschen wahrnehmen, anerkennen und achten*< (Berliner Bildungsprogramm für die Bildung, Erziehung und Betreuung von Kindern in Tageseinrichtungen bis zum Schuleintritt, S. 29).

>*Individuelle und kulturelle Unterschiede der Kinder werden thematisiert und auch dann nebeneinander stehen gelassen, wenn sie scheinbar unvereinbar miteinander sind*< (Thüringer Bildungsplan für Kinder bis 10 Jahre, S. 148).

>*Interkulturelle Orientierung in Kindertagesstätten eröffnet Kindern unterschiedlicher kultureller Herkunft die Chance, ihre eigenen Bildungszugänge zu ihrer Herkunftskultur und zu anderen Kulturen zu finden. Ohne eine interkulturelle Ausrichtung der pädagogischen Arbeit bleiben insbesondere die Bildungschancen von Kindern mit, aber auch jene von Kindern ohne Migrationshintergrund dauerhaft eingeschränkt*< (Erfolgreich starten – Leitlinien zum Bildungsauftrag in Kindertagesstätten [Schleswig-Holstein], S. 20).

Hierbei wird allerdings oft nicht weiter ausgeführt, wie diese Öffnung für kulturelle Vielfalt konkret in der praktischen Umsetzung aussehen könnte. An den Stellen, wo darauf näher eingegangen wird, werden zumeist Anregungen für eine Präsenz und Anerkennung verschiedener Gegenstände, Lieder, Artefakte, Sitten, Riten, Religionen und Sprachen aus jeweils unterschiedlichen Herkunftsregionen in der Kindertageseinrichtung angeführt:

»Hier ist auch Raum dafür, Lieder aus anderen Kulturkreisen kennenzulernen« (Orientierungsplan Bildung und Erziehung im Elementarbereich niedersächsischer Tageseinrichtungen, S. 27).

»Spiegeln Raumgestaltung, Materialauswahl und Aktivitäten die kulturelle Vielfalt der Kindergemeinschaft? Finden Kinder Gegenstände vor, die ihnen aus ihren Familien vertraut sind?« (Hamburger Bildungsempfehlungen für die Bildung und Erziehung von Kindern in der Tagespflege, S. 36).

»Musik und Tänze unterschiedlicher Zeitepochen und anderer Kulturen kennen und schätzen« (Bildung von Anfang an – Bildungs- und Erziehungsplan für Kinder von 0 bis 10 Jahren in Hessen, S. 74).

»Werden kulturelle Speisevorschriften und -gewohnheiten der Familien ausreichend berücksichtigt?« (Hamburger Bildungsempfehlung für die Bildung und Erziehung von Kindern in Tageseinrichtungen, S. 30).

»In der Gestaltung der verschiedenen Feste aus unterschiedlichen Kulturkreisen wird für die Kinder die Wertschätzung und Gleichberechtigung von Kulturen und deren Religionen erfahrbar« (Frühkindliche Bildung in Bremen – Rahmenplan für Bildung und Erziehung im Elementarbereich, S. 24).

»Inwieweit interkulturelle Bildung und Erziehung im Alltag tatsächlich gelebt wird, lässt sich konkret an der Sprache festmachen. Eine mehrsprachige Orientierung in Bildungseinrichtungen bildet die Grundlage von interkultureller Bildung und Erziehung. Eine Leitfrage lautet: Wie ist die Wertschätzung der Familiensprachen im pädagogischen Alltag?« (Der Bayerische Bildungs- und Erziehungsplan für Kinder in der Tageseinrichtung bis zur Einschulung, S. 143).

Die Beispiele verdeutlichen, dass an vielen Stellen darauf hingewiesen wird, dass es wichtig ist, die kulturelle Vielfalt in der pädagogischen Arbeit wahrzunehmen, zu würdigen sowie kenntlich zu machen. Dadurch kann eine gute Grundlage für eine interkulturelle Arbeit in dem Sinne gelegt werden, dass gegenseitiges Verständnis erhöht wird und Diskriminierungen abgebaut werden können (bzw. gar nicht erst entstehen). Wenig Bezug wird allerdings darauf genommen, dass unterschiedliche kulturelle Hintergründe auch eine Form der interkulturellen Arbeit notwendig macht, bei der sich die alltäglichen pädagogischen Abläufe je nach Passung und Bedarf unterschiedlich gestalten können (Borke, Döge & Kärtner 2011; Keller 2011). Die Bedeutung des Kontextes, in dem die jeweiligen Kinder bzw. Familien sozialisiert wurden, wird explizit im Bildungsprogramm für Kindertagesstätten in Sachsen-Anhalt erwähnt:

> *»Kontextorientierung als Prinzip bedeutet daher, dass Erzieherinnen und Erzieher etwas über die komplexe Lebenswelt jedes Kindes wissen müssen. Kontinuierliche Erkundungen und Diskurse sind dafür die Voraussetzung« (Bildung: elementar – Bildung von Anfang an. Bildungsprogramm für Kindertagesstätten in Sachsen-Anhalt, S. 38).*

Im Baden-Würtembergischen Bildungs- und Erziehungsplan wird zudem angeführt, dass bei Eltern sehr unterschiedliche Erziehungsvorstellungen zugrunde liegen können, die auch von den in der Einrichtung vertretenen Konzepten abweichen können:

> *»Viele Familien mit Migrationshintergrund in Deutschland können ihre Wurzeln stärker in soziozentrischen Gesellschaften haben, in denen die Verbundenheit mit der Gemeinschaft vor dem Individuum steht. […] Dabei müssen unterschiedliche Erziehungsideale, die auch kulturell bedingt sein können, thematisiert werden. So kann beispielsweise ein Erziehungsideal vorwiegend durch Respekt gegenüber Älteren und Autoritäten gekennzeichnet sein. Bei manchen Kleinkindern mit Migrationshintergrund wird das Lernen stärker an die soziale Rolle innerhalb der Gemeinschaft gekoppelt und es werden andere Anforderungen an sie gestellt. […] Nicht nur in Familien, die aus einem anderen Kulturkreis stammen, sondern auch in Familien mit niedrigem sozioökonomischem Status entsteht für die Kinder oftmals ein Spannungsfeld zwischen der Erziehungskultur im häuslichen Rahmen und im Kindergarten« (Information zum Orientierungsplan für Bildung und Erziehung in baden-württembergischen Kindergärten und weiterer Kindertageseinrichtungen, S. 14 & 21).*

Dies ist eine der ganz wenigen Stellen, bei der tatsächlich auf die Unterscheidung zwischen der Betonung einer psychologischen Autonomie auf der einen Seite und einer Schwerpunktsetzung hinsichtlich Verbundenheit auf der anderen Seite eingegangen wird. Damit wird hier Bezug auf ein Modell genommen, welches eine systematische Beschreibung von kulturellen Unterschieden ermöglicht und aus dem sich unterschiedliche Handlungsalternativen für die frühpädagogische Praxis ableiten lassen (Borke, Döge & Kärtner 2011; Borke & Keller 2012). In vielen Bildungs- und Orientierungsplänen wird zwar betont, dass sowohl die Autonomie und Eigenständigkeit als auch soziale und gemeinschaftsbezogene Kompetenzen wichtige Ziele der frühpädagogischen Arbeit darstellen:

>*Die Entwicklung des Kindes zu einer eigenverantwortlichen und gemeinschaftsfähigen Persönlichkeit ist das übergreifende Ziel frühkindlicher Betreuung, Bildung und Erziehung* (Orientierungsplan für Bildung und Erziehung im Elementarbereich niedersächsischer Tageseinrichtungen für Kinder, S. 8).*

Es kann hier aber in aller Regel dennoch die psychologische Autonomie als Hauptorganisator für Bildung, Entwicklung und Erziehung angesehen werden, da sie auch bei sozialen und beziehungsbezogenen Aspekten eine entscheidende Rolle spielt (z.B. durch eine Betonung der kindlichen Selbstbestimmung beim Aufbau sozialer Kontakte):

>*Sie suchen Aufmerksamkeit und gemeinsame Absichten, sie wollen Gefühle mit ihren Bezugspersonen teilen. Sie suchen Verbundenheit, grenzen sich ab und gestalten den Kontakt aktiv mit* (Bildungs- und Erziehungsplan für Kindertagesstätten in Rheinland-Pfalz, S. 36).*

In diesem Zusammenhang relevant ist auch eine Fußnote, die sich im Bildungsprogramm für Kindertagesstätten in Sachsen-Anhalt findet. Hier wird darauf eingegangen, dass zentrale Elemente der aktuellen frühpädagogischen Debatten und Konzepte aus westlichen Traditionen stammen und folglich nicht davon ausgegangen werden kann, dass diese für alle Kinder und Familien passend, anschlussfähig und wünschenswert sind:

>*Auch in der internationalen Frühpädagogik wird zunehmend die unreflektierte Verwendung von Begriffen wie kindgemäß und entwicklungsangemessen kritisiert. Insbesondere Martin Woodhead (1996) weist auf die kulturspezifische Prägung dieser Termini hin und zeigt auf, dass sie einer im Wesentlichen (nord-)west-*

lichen, angelsächsischen Diskurstradition entstammen und nicht ohne weiteres auf andere soziale, kulturelle und historische Kontexte übertragen werden dürfen. Viel wichtiger sei es, eine Praxis zu entwickeln, die sowohl der kindlichen Entwicklung angemessen ist, als auch den konkreten Bedingungen, unter denen diese stattfindet (Kontext!). Er spricht in diesem Zusammenhang von PACED: Practice Appropriate to the Context of Early Development« (Bildung: elementar – Bildung von Anfang an. Bildungsprogramm für Kindertagesstätten in Sachsen-Anhalt, S. 38).

Diese Ausschnitte repräsentieren die wenigen Stellen, bei denen darauf eingegangen wird, dass eine interkulturelle Arbeit in Kindertageseinrichtungen auch mit einer Hinterfragung der eigenen Konzepte und Theorien einhergeht und bei Bedarf Anpassungen notwendig sind, um einem Umgang mit kultureller Vielfalt gerecht zu werden (Borke, Döge & Kärtner 2011; Borke & Keller 2012).

Abschließend soll noch eine hilfreiche Liste von Aspekten, die bei einer interkulturellen Arbeit in der Frühpädagogik bedeutsam sein können, Erwähnung finden, die sich im Bildungs- und Orientierungsplan von Schleswig-Holstein findet:

»Pädagogische Fachkräfte, die interkulturelle Orientierung berücksichtigen,
• sind sich der eigenen Kultur bewusst
• versuchen die Vielfalt möglicher kulturell geprägter Perspektiven zu verstehen
• versuchen mit Müttern und Vätern sowie Kindern anderer Kulturen in einen Dialog zu treten
• tauschen sich regelmäßig mit Müttern und Vätern aus
• haben aber auch geklärt, was nicht verhandelbar ist
• beobachten die unterschiedlichen Formen interkultureller Kommunikation zwischen den Kindern und unterstützen sie dabei, diese zu erweitern
• betrachten Zwei- und Mehrsprachigkeit als Normalfall und Entwicklungschance
• unterstützen bei Bedarf auch Mütter und Väter.

Fazit

Interkulturalität wird in den Bildungs- und Orientierungsplänen der Bundesländer thematisiert, allerdings mit großen Abweichungen voneinander. In einigen Fällen wird das Thema nur kurz angerissen, mal bekommt es einen größeren Raum und teilweise zieht es sich durch weite Teile der Pläne hindurch. Bezogen auf die Inhalte zeigt sich, dass in den seltensten Fällen tatsächlich eine tiefgreifende Thematisierung einer kultursensitiven Gestaltung von frühpädagogischen Alltagsabläufen (z.B. Gestaltung von Spielsituationen, Eingewöhnungskonzepten, Kontakten mit Eltern) stattfindet. Hier besteht noch Ergänzungsbedarf, um auch wirklich Kindern und Familien mit unterschiedlichen kulturellen Hintergründen gerecht werden zu können. Bezüglich der konkreten Umsetzung bleiben die Pläne in der Regel sehr vage, abstrakt und allgemein. Wenn dieser Aspekt thematisiert wird, dann vor allem in der Form, dass die kulturelle Vielfalt zum Beispiel auch in den Materialen und Sprachen repräsentiert sein soll. Auf der einen Seite bietet diese Abstraktion also wenig direktes und klares Umsetzungspotenzial; auf der anderen Seite ist dies aber vielleicht auch gar nicht die Aufgabe und Absicht eines Bildungs- und Orientierungsplanes. In diesem Sinne können die Ausführungen in den Plänen als zumeist nur grober Rahmen verstanden werden, der noch durch konkrete Umsetzungsmodelle gefüllt werden muss. Dabei können die Weiterbildungen zur Interkulturellen Kompetenz eine zentrale Rolle spielen.

Literatur

Borke, J., Döge, P. & Kärtner, J. (2011): Kulturelle Vielfalt bei Kindern in den ersten drei Lebensjahren. Eine Expertise der Weiterbildungsinitiative Frühpädagogischer Fachkräfte (WiFF). München: Deutsches Jugendinstitut e. V.

Borke, J. & Keller, H. (2012): Kultursensitive Frühpädagogik. Stuttgart: Kohlhammer.

Keller, H. (2011): Kinderalltag. Heidelberg/Berlin: Springer.

Woodhead, M. (1998): ›Quality‹ in Early Childhood Programmes – a contextually appropriate approach. International Journal of Early Years Education, 6(1), pp. 5–17.

Teil II
Grundlagen und Themen interkultureller Arbeit in der Praxis

Grundlagen interkultureller Arbeit in Kitas

Gülcan Yoksulabakan | Nele Haddou

NACH ANGABEN DES STATISTISCHEN BUNDESAMTES hatten im Jahr 2010 15,7 Millionen Menschen in Deutschland, d.h. 19,3 Prozent der deutschen Bevölkerung einen Migrationshintergrund (Statistisches Bundesamt 2011, S. 7)[5]. In vielen Großstädten liegt die Rate deutlich höher, und auch künftig wird Prognosen zufolge – insbesondere in Ballungsgebieten – die Mehrheit der Bevölkerung einen Migrationshintergrund mitbringen. Dafür spricht allein schon die Tatsache, dass dem Mikrozensus zufolge aktuell 34,9 Prozent der unter Fünfjährigen, d.h. mehr als ein Drittel, einen Migrationshintergrund mitbringen (a.a.O., S. 8). Doch auch im ländlichen Raum nimmt das Thema – insbesondere auch vor dem Hintergrund des demografischen Wandels – an Bedeutung zu.[6] Der Anteil der Kinder von drei bis sechs Jahren mit Migrationshintergrund in Kitas lag 2008 in Deutschland durchschnittlich

---

[5] Nach der Definition des Statistischen Bundesamtes zählen zu den Menschen mit Migrationshintergrund »alle nach 1949 auf das heutige Gebiet der Bundesrepublik Deutschland Zugewanderten, sowie alle in Deutschland geborenen Ausländer und alle in Deutschland als Deutsche Geborenen mit zumindest einem zugewanderten oder als Ausländer in Deutschland geborenen Elternteil« (Statistisches Bundesamt 2010, S. 6). Somit umfasst diese Definition Ausländer und Deutsche mit Migrationshintergrund, sowohl mit als auch ohne eigene Migrationserfahrung, da sich die damit verbundenen kulturellen Unterschiede und Besonderheiten weder auf Staatsbürgerschaften noch auf eigene Migrationserfahrungen festschreiben lassen. Häufigste Herkunftsländer sind: Türkei (14,1%), Polen (10,5%) und die Russische Föderation (BMI 2011, S. 192).
[6] Siehe z.B. das Forschungs-Praxis-Projekt »Integrationspotenziale in kleinen Städten und Landkreisen« der Schader-Stiftung; http://www.integrationspotenziale.de.

bei 26,1 Prozent, bei den unter Dreijährigen bei 16,7 Prozent (Bock-Famulla & Große-Wöhrmann 2009, S. 186ff.).[7] Im Hinblick auf die Teilhabe besuchten von den Kindern zwischen drei und sechs Jahren in den »alten« Bundesländern, in denen der Anteil der Kinder mit Migrationshintergrund bei 32 Prozent liegt, 84 Prozent eine Kita (a.a.O., S. 13).

Diese Zahlen machen deutlich, dass sich Deutschland als – nun auch offizielles[8] – Einwanderungsland in allen Bereichen der Gesellschaft bewusst und strategisch mit migrationsbedingten Handlungsfeldern auseinandersetzen muss. Angesichts des hohen Anteils der unter fünfjährigen Kinder mit Migrationshintergrund wird die große Chance und Herausforderung deutlich, hier möglichst frühe Strukturen für die Inklusion zu schaffen. Grundsätzlich gibt es in Deutschland dabei zunehmend sehr unterschiedliche Rahmenbedingungen, unter denen Kinder aufwachsen. Auch auf diese Veränderungen, die oftmals mit kompensatorischen Aufgaben einhergehen, müssen die (frühkindlichen) Bildungseinrichtungen strukturell reagieren. In diesem Beitrag liegt der Fokus jedoch direkt auf den Handlungs- und Einflussmöglichkeiten der Erzieherinnen und Erzieher in Kindertageseinrichtungen. Pädagogische Fachkräfte sollen ermutigt werden, sich mit Interkulturalität und Vielfalt in ihrem Handlungsfeld bewusst auseinanderzusetzen. Dies soll es ihnen ermöglichen, mit kultureller, sozialer und sprachlicher Vielfalt angemessen und professionell umzugehen, um so im pädagogischen Alltag einer diversifizierten Gesellschaft kompetent handeln zu können.

Chancen(un)gleichheit mit und ohne Migrationshintergrund

Das Jahresgutachten des Sachverständigenrates deutscher Stiftungen für Integration und Migration 2012 betont, dass nur in wenigen Ländern die soziale Schichtzugehörigkeit der Eltern so stark auf die nächste Generation

---

7 Hier wurde allerdings eine Definition von Migrationshintergrund verwendet, bei der mindestens ein Elternteil ausländischer Herkunft ist. Sogenannte Russlanddeutsche, die die deutsche Staatsbürgerschaft besitzen, fallen aus diesen Berechnungen heraus, weshalb tatsächlich von einer höheren Anzahl von Kindern mit Migrationshintergrund im Sinne der o.g. Definition des Statistischen Bundesamtes auszugehen ist. Der Anteil von Kindern mit Migrationshintergrund variiert dabei sehr stark zwischen den Bundesländern, z.B. Berlin mit 30,3% und Brandenburg mit 2,6% bei den Drei- bis Sechsjährigen im Jahr 2009 (Bundesregierung 2012, S. 33).

8 Dieser Paradigmenwechsel drückt sich u.a. durch das im Jahr 2005 geänderte Zuwanderungsgesetz, die Veröffentlichung des Nationalen Integrationsplanes (2007) bzw. des Nationalen Aktionsplanes Integration (2012) sowie durch regelmäßig durchgeführte Integrationsgipfel auf Bundesebene aus.

vererbt wird wie in Deutschland (SVR 2012, S. 68). So kommen zahlreiche internationale und nationale Studien zu dem Ergebnis, dass der Bildungsabschluss der Eltern einen zentralen Einflussfaktor für den Bildungserfolg der Kinder darstellt.[9] Diese Erkenntnisse deuten darauf hin, dass der Migrationshintergrund als Einflussfaktor auf schlechte Schulleistungen hinter den Wirkungen sozio-ökonomischer Ungleichheit an Bedeutung zurücktritt. Konkret bedeutet das: Ein Leon ohne Migrationshintergrund, dessen Eltern eine gering qualifizierte Berufsausbildung haben, hat bei einem gleichen Entwicklungsstand – statistisch betrachtet – weniger Chancen auf einen Gymnasialabschluss als ein Cengiz mit kurdischem Migrationshintergrund, dessen Eltern in Deutschland anerkannter Akademiker bzw. anerkannte Akademikerin sind.

Da aber nach dem 3. Armuts- und Reichtumsbericht der Bundesregierung 2008 Kinder und Jugendliche mit Migrationshintergrund mit 32,6 Prozent ein sehr viel höheres Armutsrisiko aufweisen als jene ohne Migrationshintergrund mit 13,7 Prozent, sind diese auch sehr viel häufiger von sozio-ökonomischen Benachteiligungen betroffen und haben damit weniger gute Chancen auf einen erfolgreichen Bildungsweg (BMAS 2008, S. 141). Menschen mit Migrationshintergrund in Deutschland gehören unter anderem aufgrund der speziellen Einwanderungspolitik und -geschichte der Bundesrepublik sehr viel häufiger den weniger privilegierten Schichten an.[10] Auf unser Beispiel mit Leon und Cengiz bezogen, bedeutet dies: Ein Cengiz, dessen Eltern einen in Deutschland nicht anerkannten Bildungsabschluss haben, hat trotz eines guten Entwicklungsstandes weniger Chancen auf einen Bildungserfolg.

Zusätzlich zur sozio-ökonomischen Unterprivilegierung können sich auch strukturelle Faktoren ungünstig auswirken. So besagen Forschungsergebnisse, dass institutionelle Muster existieren, die bewirken, dass Entscheidungen nach bestimmten trainierten und traditionell übernommenen Argumentationsmustern verlaufen. So darf zum Beispiel bei mehrsprachigen Kindern die

---

9 Insbesondere die PISA-Studien der OECD (Programme for International Student Assessment) sowie IGLU (Internationale Grundschul-Lese Untersuchung) und IGLU-E (Nationale Erweiterungsstudie zu IGLU).

10 So wurden im Rahmen der sog. »Gastarbeiteranwerbung« insbesondere unqualifizierte Arbeiter angeworben. Zudem spielen auch ausländerrechtliche Bestimmungen (z.B. in Hinblick auf Arbeitsgenehmigungen) und die Abqualifizierung bzw. Nicht-Anerkennung von im Ausland erbrachten Schul- und Ausbildungsabschlüssen eine zentrale Rolle.

Empfehlung für eine Schulform nicht aufgrund von Defiziten in der deutschen Sprache schlechter ausfallen, was jedoch in der Realität der Schulpraxis geschieht. Hier ist zu betonen, dass diese Argumentationsmuster meist unabhängig von der Lehrerin oder dem Lehrer zu sehen sind, sondern sich in der Organisationsstruktur und -logik der Schule begründen lassen. So führen formale bzw. organisatorische Bedingungen im Bildungswesen zur Diskriminierung von Kindern mit Migrationshintergrund, die als »institutionelle Diskriminierung« bezeichnet wird (vgl. Gomolla & Radtke 2009).

Das alles bedeutet: Wenn ein benachteiligter sozio-ökonomischer Status und ein Migrationshintergrund zusammenfallen, so sind diese Kinder mehrfach von Chancenungleichheit betroffen.

Das Potenzial der Kitas im (politischen) Fokus

Kaum ein Bereich wirkt sich so nachhaltig auf die späteren Schulleistungen von Kindern mit und ohne Migrationshintergrund aus wie die frühkindliche Bildung (SVR 2012, S. 68). Somit wird der Elementarbereich verstärkt als erste Stufe des Bildungssystems begriffen. Als erste Bildungsorte außerhalb der Familie beeinflussen Kindertageseinrichtungen durch die angebotene Erziehung, Bildung und Betreuung den weiteren Bildungsweg und die gesamte Bildungsbiografie der Kinder. Kindertageseinrichtungen werden damit in ihrem Wirken sehr viel ernster genommen, tragen aber gleichzeitig auch eine hohe gesellschaftliche Verantwortung.

Mit dem im Januar 2012 verabschiedeten »Nationalen Aktionsplan Integration« ist vonseiten des Bundes ein Schwerpunkt im Bereich der Frühkindlichen Bildung gesetzt und der Fokus mit den folgenden drei strategischen Zielen im Bereich »Frühkindliche Förderung« deutlich breiter und umfassender geworden:

1. Chancengerechtigkeit für alle Kinder durch Angebote früher Erziehung, Bildung und Betreuung
2. Weiterentwicklung der Qualität früher Erziehung, Bildung und Betreuung in allen Formen der Kindertagesbetreuung sowie
3. Partizipation von Eltern als Qualitätsmerkmal frühkindlicher Bildung (Bundesregierung 2012, S. 11 & 33ff.).[11]

Gelingensbedingungen hierfür sind, dass Institutionen die Pluralisierung familialer Lebenslagen im Blick haben und bei der Angebotsgestaltung unterschiedliche Bedarfe von Kindern und Eltern berücksichtigen.

So werden im »Nationalen Aktionsplan Integration« die Trägerverbände und Kommunen aufgefordert, die *Interkulturelle Öffnung* ihrer Bildungseinrichtungen zu definieren, zu konzipieren und umzusetzen. Die Länder werden aufgefordert, die Ausbildungen der Fachkräfte und auch die Bildungspläne der Länder im frühkindlichen Bereich zum Thema interkulturelle Kompetenzen spezifisch zu fokussieren und weiterzuentwickeln (a.a.O., S. 16).

Doch was bedeutet eine *Interkulturelle Öffnung* der Einrichtungen? Integration[12] und interkulturelle Öffnung[13] sind als Prozesse zu verstehen, die alle Beteiligten immer wieder aufs Neue herausfordern. Die Einwanderungsgesellschaft ändert sich stetig; es entstehen immer wieder neue Konstellationen. Dieser Prozess findet auf allen Ebenen statt: in der Gesellschaft, in den Bildungsinstitutionen wie Krippen und Kitas sowie bei den Menschen, die sich mit der Thematik beschäftigen. Daher ist die Forderung nach der Interkulturellen Öffnung »als Suchbegriff zu verstehen, der sozialpolitisch betrachtet nichts anderes bedeutet, als die Verwirklichung von gleichen Chancen und Möglichkeiten« (AWO Bundesverband 2004, S. 8).

Kulturen und Vielfalt

Die Auseinandersetzung mit interkultureller Öffnung und verschiedenen Kulturen in Kitas verlangt zunächst nach einer Definition von *Kultur*, oder zumindest nach einer Annäherung daran:

»Kultur verweist auf eine variable Mehrzahl von Personen, die in ein Bedeutungsgewebe aus Wirklichkeitsdefinitionen, Welt- und Selbstauffassungen, Deutungs- und Orientierungsmustern sowie – vor allem und zuerst –

---

11 Grundlage hierfür stellt die inklusive Leitorientierung dar, die 2009 von der UNESCO-Kommission »Frühkindliche Bildung inklusiv gestalten: Chancengleichheit und Qualität sichern« gefordert wurde (Bundesregierung 2012, S. 33). Bereits im Nationalen Integrationsplan von 2007 lag ein Schwerpunkt in der frühkindlichen Förderung, allerdings insbesondere auf der »Sprachförderung von Anfang an« (Bundesregierung 2007).

12 Integration definiert als »Teilhabe an zentralen Bereichen des gesellschaftlichen Lebens« (SVR 2012, S. 55; Bommes 2004).

13 Zu den Begrifflichkeiten »Interkulturelle Orientierung« vs. »Interkulturelle Öffnung«: Die Interkulturelle Orientierung bezieht sich eher auf die politische Haltung und strategische Ausrichtung, die Interkulturelle Öffnung eher auf die konkrete Umsetzung.

in kollektive symbolische, insbesondere sprachliche Praktiken eingebunden sind. Eine Kultur kann abstrakt als Zeichen-, Wissens- und Orientierungssystem aufgefasst werden, das die Praxis, mithin das Handeln (Denken, Fühlen, Wollen und Wünschen) aller daran teilhabenden Personen strukturiert und ordnet, ermöglicht und begrenzt« (Straub 2007, S. 15).

In jeder Gesellschaft existieren vielfältige Kulturen. In einige Kulturen werden Menschen hineingeboren, anderen ordnen sie sich bewusst zu, in wieder andere werden sie von »außen« durch Andere zugeordnet. Kulturen sind nie eindeutig, sondern immer mehrdeutig; sie sind nie statisch, sondern befinden sich in einem ständigen Veränderungsprozess und werden immer wieder von ihren Mitgliedern neu verhandelt.

Insbesondere in der Begegnung mit Menschen mit Migrationshintergrund merken wir schnell, wie wenig uns als Handelnde eine »feste« Vorstellung von »Kultur« nützt (a.a.O., S. 17). Denn starre Vorstellungen von Kultur reduzieren den Menschen, mit dem wir interagieren, stark auf eine vermeintliche und konstruierte Herkunftskultur. So sind starre und homogene Bilder von Kultur (im Sinne von »die türkische Kultur«, »die russische Kultur«) nicht hilfreich, da die Gefahr des »Kulturalisierens« (a.a.O.; Hamburger 1990, S. 316f.) besteht.[14]

Dies bedeutet im Falle einer alleinerziehenden Mutter mit kurdischem Migrationshintergrund, die im Schichtdienst arbeitet, zum Beispiel Folgendes: Bei der Frage, warum die Mutter nicht zum Elternabend kommt, suchen Erzieherinnen und Erzieher die Begründung nicht selten sofort und ausschließlich in der vermeintlich kurdischen Kultur. Wenn jedoch der Schichtdienst das Ausschlaggebende ist, um das Verhalten der Mutter nachzuvollziehen zu können, so hilft diese Deutung nicht, um in einen konstruktiven Dialog mit der Mutter zu treten. Auch sind Begründungen für irritierendes Verhalten häufig komplex und durch mehrere Komponenten beeinflusst. In unserem Beispiel kann es gerade hilfreich sein, die Kombination »Schichtdienst, alleinerziehend und kurdischer Migrationshintergrund« in Betracht zu ziehen und vor allem im Kontakt mit der Mutter vorurteilsfrei herauszufinden, wie sie stärker teilhaben kann.

---

14 Die Unmöglichkeit und Absurdität solcher »Vereinheitlichungsversuche« zeigte z. B. auch die Debatte um die sog. »Deutsche Leitkultur«.

Da Erzieherinnen und Erzieher mit sehr vielen verschiedenen Formen von Vielfalt konfrontiert sind, ist in diesem Kontext ein sogenannter »offener Kulturbegriff« im Sinne von *Diversity* hilfreich. In diesem werden alle in einer pluralen Gesellschaft bedeutenden Zugehörigkeiten / Merkmale, über die »ethnische Herkunft« hinaus, mit einbezogen. Dazu gehören zum Beispiel Geschlecht, sozioökonomische Herkunft bzw. Status, Bildungsstand, religiöse Orientierung, Alter / Generation, Hautfarbe, sexuelle Orientierung, Gesundheitsstatus, äußerliche Merkmale, Lebens- und Familienformen, aber auch regional bedingte Lebensarten (Stadt / Land) und diverse subkulturelle Orientierungen. Im Kontext der Kindertageseinrichtung spielen insbesondere auch unterschiedliche Familiensysteme und -konzepte sowie Erziehungsziele und -stile eine zentrale Rolle. Diversity lässt sich somit nicht auf bestimmte Aspekte beschränken, sondern stellt eine »komplexe, sich ständig erneuernde Mischung von Eigenschaften, Verhaltensweisen und Talenten« (Roosevelt Thomas 2001, S. 27) dar.

Jedem Kind Anknüpfungspunkte bieten

Kindern soll eine aktive und bewusste Erfahrung mit dieser in der Gesellschaft vorhandenen Vielfalt ermöglicht werden; sie sollen sich mit ihren Unterschieden wohl fühlen. Häufig lässt sich aber erkennen, dass unbewusst ein Bild des »Einen, Normalen« und ein Bild des »Anderen, Besonderen« existiert, das sich irgendwie vom »Normalen« unterscheidet. Aus dieser Sichtweise werden nur die »Anderen« als Diversity gesehen. Es wird dann nicht erkannt, dass das Thema Anderssein alle Menschen betrifft, jedoch je nach herrschenden Macht- und Dominanzverhältnissen unterschiedlich wahrgenommen wird (a.a.O.).

Die interkulturell ausgerichtete Kindertageseinrichtung vermittelt die vorhandenen Unterschiedlichkeiten der Kinder als Normalität und bietet *allen* Kindern und deren Familien möglichst viele »Anknüpfungspunkte«.[15] Wenn Kinder – egal, ob mit oder ohne Migrationshintergrund – in der Kita wenig finden, woran sie mit ihren Vorerfahrungen anknüpfen können, so können sie vom Bildungsangebot weniger profitieren. Um Bildungsprozesse zu ermöglichen, müssen Kinder in ihrer Identität gestärkt und ein guter Kontakt zu den Eltern gefunden werden. Kinder der gesellschaftlichen Mehrheit

---

[15] In diesem Abschnitt beziehen wir uns stark auf das »Projekt Kinderwelten«, das sehr gute Materialien zur Thematik bietet (vgl. Wagner 2008 sowie http://www.kinderwelten.net).

haben dabei bessere Chancen auf eine positive Identifizierung mit ihrer sozialen Gemeinschaft als Kinder von Minderheiten. Übernehmen letztere eine Abwertung ihrer sozialen Gruppe in ihr Selbstbild, so kann sich dies negativ auf die Entwicklung von Selbstbewusstsein und Selbstvertrauen auswirken. Aber auch Kinder, die sich anderen Kindern gegenüber als überlegen empfinden, sind in ihrer Entwicklung eingeschränkt. Gemeinsame Interessen können weniger wahrgenommen werden.

Vielfalt in Räumen, Materialien & Ereignissen

Daher gilt es, sich die Frage zu stellen: Spiegelt sich die in der Gruppe vorhandene Vielfalt in der Raum- und Materialausstattung und gegebenenfalls auch im Team wider?

Denn schon in der Betrachtung von Kita-Räumen lässt sich an deren Gestaltung erkennen, welche »Normalität« den Kindern unbewusst und bewusst vermittelt wird.[16] Ein Beispiel hierfür sind typische Essenspyramiden. Diese stellen meist die in Deutschland üblichen Lebensmittel visuell dar; viele gesunde Lebensmittel, die »andere« Kinder zuhause essen, fehlen. Dabei können Essenspyramiden an die Vielfalt angepasst werden, indem diese gemeinsam mit allen Kindern erarbeitet werden. So haben die Kinder auch die Möglichkeit, über die Unterschiede hinaus ihre Gemeinsamkeiten festzustellen. Denn auch wenn in der Türkei häufig Wassermelone, Oliven und Schafskäse auf dem Tisch stehen, würden die meisten Kinder mit türkischem Migrationshintergrund gerne Nutella und Toastbrot zum Frühstück essen. Konkret bedeutet dies: Jedes Kind findet sich mit der eigenen Identität in der Kita wieder und kann sich mit den eigenen Vorerfahrungen und dem eigenen Wissen einbringen.

Auch im Hinblick auf religiös-gesellschaftliche Traditionen, wie zum Beispiel das »Feiern« der Vorweihnachtszeit durch Dekoration, Bastelaktionen und Vorlesen von Geschichten, können andere (religiöse) Feste berücksichtigt werden. Für Erzieherinnen und Erzieher bedeutet es nicht, alle Feste zu kennen und zu feiern. So gibt es zum Beispiel Kitas, die pro vorhandene Religion *ein* Fest im Jahr bewusst feiern. Eine strategische Einbindung der Eltern entlastet die pädagogischen Fachkräfte und ermöglicht die Teilhabe

---

16 Nach Bourdieu existiert nahezu kein Raum, der nicht ein bestimmtes Verhältnis von Hierarchien und sozialen Distanzen widerspiegelt (1991, S. 27).

der Familien. So kann dieser Teil von Kultur und somit Identität der Kinder sichtbar werden, Raum bekommen und Anknüpfungspunkte bieten. Darüber hinaus erhalten somit alle Kinder die Möglichkeit, frühzeitig die Vielfalt an Religionen und anderen (z.B. atheistischen) Vorstellungen kennenzulernen.

In Kinderbüchern wird das Thema Vielfalt zwar vermehrt aufgegriffen, leider jedoch häufig unter Verwendung typischer Rollenklischees: So finden sich immer noch viele Kinderbücher, in der die alleinerziehende Mama ständig weint, weil Papa gegangen ist, das Kind mit einer Trisomie 21 nur Quatsch macht, die Mama mit türkischem Migrationshintergrund ein Kopftuch trägt und der Junge aus Namibia toll trommeln kann. Eine sorgfältige und diversitybewusste Auswahl der Materialien gehört daher zur interkulturellen Öffnung einer Kita dazu.[17]

Sprachenvielfalt

Einen wesentlichen Aspekt stellt auch der Umgang mit Mehrsprachigkeit der Kinder und derer Familien dar. Häufig lässt sich eine »Hierarchie« der Mehrsprachigkeit feststellen. So erhalten englischsprachige Kinder aufgrund des hohen Sprachprestiges mehr positive Rückmeldungen für ihre Sprachkompetenzen als zum Beispiel albanischsprachige Kinder, die nicht nur weniger positive, sondern eventuell sogar eher negative Reaktionen erfahren. Auch dies gilt es im Rahmen einer interkulturellen Öffnung zu überwinden und allen Sprachen die gleiche Anerkennung entgegenzubringen. Dabei ist es hilfreich, auch auf Formulierungen zu achten. Denn häufig wird von Menschen mit »keinen oder geringen Sprachkenntnissen« (anstatt mit »weniger« Deutschkenntnissen) gesprochen. So kann zum Beispiel eine Bemerkung, wie »Dein Papa spricht aber ein tolles Kroatisch und lernt gerade Deutsch«, auf ein Kind, das zeigt, dass es sich für die Deutschkenntnisse seines Vaters schämt und dies zum Ausdruck bringt, sehr entschärfend und entlastend wirken. Darüber hinaus unterstützt es das Kind, ein positives Selbst- und Familienbild zu erhalten oder aufzubauen.

---

17 Bücherlisten z.B. auf http://www.kinderwelten.net/ressourcen_10.php. In diesem Zusammenhang müssen auch Erzieherinnen und Erzieher Methoden an die Hand bekommen, um Vorurteile und Vielfalt kindgerecht zu thematisieren und das Einfühlungsvermögen der Kinder gegenüber kulturellen Unterschieden und Ähnlichkeiten zu fördern (vgl. Wagner 2008).

Interkulturelle Kompetenz / Diversity-Kompetenz

Interkulturelle Kompetenz ist häufig in sehr alltäglichen, aber komplexen Situationen erforderlich und kann bzw. darf sich nicht darauf beschränken, sich Wissen anzueignen, um eine gewisse Bandbreite andersartiger Erwartungsstrukturen deuten zu können. Denn anderenfalls würde der Begriff »interkulturelle Kompetenz« implizit unterstellen, dass sich zum Beispiel die überwiegende Mehrzahl der Einwanderer einer bestimmten Herkunft kulturell bzw. in ihrem Habitus, ihren Werten, Einstellungen gleich sind und zusätzlich deutlich von den Mitgliedern der »Mehrheitsgesellschaft« unterscheiden (Wehrhöfer 2006, S. 31).

Interkulturelle Kompetenz besteht vielmehr aus einem Bündel von Fähigkeiten, die einen produktiven Umgang mit der Komplexität kultureller Überschneidungssituationen erlauben. Häufig genannte Fähigkeiten in diesem Zusammenhang sind Empathie (Einfühlungsvermögen), Selbstreflexivität, Fähigkeit zum Perspektivwechsel, Ambiguitätstoleranz (die Fähigkeit zum Aushalten von Unsicherheiten, Unterschiedlichkeiten und Uneindeutigkeiten), Konfliktfähigkeit, eine personenzentrierte Haltung in Gesprächen, aktives Zuhören sowie die Anpassung des eigenen Handlungsrahmens an neue kulturelle Anforderungen und schließlich die Fähigkeit, in Situationen mit ungleich verteilten Chancen bzw. in Gruppenkonstellationen adäquat reagieren zu können.

Hier ist gerade die Reflexion eigener kultureller Vorannahmen von zentraler Bedeutung. Die Aneignung kultureller Grundannahmen beginnt von Geburt an. Im Laufe der frühen Kindheit wird die erlebte »gesellschaftliche Wirklichkeit verinnerlicht und damit zur subjektiven Wirklichkeit der Einstellungen, Werte, Konzepte und Deutungsmuster« (Roth & Köck 2004, S. 15). Diese Tatsache hat zur Konsequenz, dass die eigenen grundlegenden Einstellungen den meisten Menschen nicht bewusst sind und daher nicht ohne weiteres erfasst und nachvollzogen werden können. Gleichzeitig dienen sie jedoch als grundlegende Orientierungsmuster: Sie bilden den Maßstab dafür, was als richtig oder falsch, als angemessen oder unangemessen, als logisch oder unlogisch zu sehen ist. Nicht zuletzt werden auch die Einstellungen und Verhaltensweisen Anderer anhand dieses kulturellen Maßstabs interpretiert und be- bzw. verurteilt. Aus diesem Grund kommt im Rahmen interkultureller Fortbildungen oder Trainings der Wahrnehmung der eigenen »kulturellen Brille« ein hoher Stellenwert zu. Es gilt, die Teilnehmerinnen und Teilnehmer dafür zu sensibilisieren, dass ihre eigene Perspektive, die ihnen häufig »selbstverständlich« erscheint, relativ zu sehen ist, und dass Menschen, die anders sozialisiert worden sind, gänzlich andere »Selbstverständlichkeiten« mitbringen können.

Verstanden wird interkulturelle Kompetenz dabei als Diversity-Kompetenz (Gültekin 2006, S. 372f.). So stellt zum Beispiel der Migrationshintergrund bzw. die »ethnische Herkunft« eines Kindes bzw. eines Elternteils nur *eines* unter vielen Unterscheidungsmerkmalen dar. Gerade bei der Wissensvermittlung über andere Kulturen besteht die Gefahr, dass durch typisierende Wahrnehmungsmuster ethnozentristische Einstellungen gefördert werden, die sich im Dialog häufig als nicht besonders zielführend erweisen (Hamburger 1990, S. 316f.).

Kulturdimensionen

Dennoch werden in (den meisten) Fortbildungen zur interkulturellen Kompetenz sogenannte Kulturkategorien und -dimensionen zur Darstellung und Beschreibung kultureller Unterschiede vorgestellt.[18] Sie sind dabei als eine Art Werkzeug zu verstehen, mit dem die komplexe Realität auf ein erfassbares Muster reduziert wird und kulturelle Unterschiede erfass- und beschreibbar gemacht werden. Zudem ist es so, dass Vorannahmen bezüglich »bestimmter Kulturen« nun einmal existieren und diese Vorannahmen durch ein Nicht-Aussprechen bzw. Negieren nicht abgeschwächt werden können. Vielmehr bedarf ein solcher Prozess einer aktiven Auseinandersetzung. Kulturkategorien bzw. -dimensionen werden daher nicht nur als eine Methode gesehen, kulturelle Unterschiede und Gemeinsamkeiten erfassbar und beschreibbar zu machen. Vielmehr bieten bestehende Vorannahmen wichtige Anknüpfungspunkte für eine differenzierte, konstruktive Auseinandersetzung mit dem Kulturbegriff – mit dem Ziel, dass Menschen ihre hohe Kontextgebundenheit und Relativität im Rahmen ihrer Möglichkeiten selbst erfahren und entdecken.

---

18 Wie z.B. die Dimensionen Individualismus/Kollektivismus oder der Umgang mit Raum und Zeit (Monochron/Polychron) nach Geert Hofstede & Edward T. Hall.

In Fortbildungen zur interkulturellen Kompetenz in Kindertageseinrichtungen gilt es also, eine Balance zu schaffen zwischen einem Wissen über gewisse kulturelle Muster und Prägungen und der Sensibilität, für ganz persönliche und individuelle Vielfaltsvariablen offen zu bleiben und diese im Kontext der jeweiligen Situation zu sehen.

Konzeptionelle Einbindung

Die Förderung der interkulturellen Kompetenzen der pädagogischen Fachkräfte stellt somit einen zentralen und essenziellen Baustein der interkulturellen Öffnung von Kindertageseinrichtungen dar. Wenn Erzieherinnen und Erzieher ihre eigene Selbstwirksamkeit verstärkt wahrnehmen, d. h. merken, wie sie durch ihr interkulturell kompetentes Verhalten die Entwicklung von Kindern positiv beeinflussen können, ist dies ein großer Gewinn.

Dennoch muss sich die Thematik über die individuelle Ebene hinaus auch auf die Ebene der Organisation ausweiten, in der die interkulturell kompetenten Fachkräfte agieren. Ohne eine organisatorische Absicherung und Stützung wäre die Nachhaltigkeit des Gelernten gefährdet. Kitas benötigen folglich ein interkulturell ausgerichtetes Gesamtkonzept, welches eine interkulturelle Personalplanung und -entwicklung[19] sowie eine interkulturelle Ausrichtung des pädagogischen Konzepts und die Förderung von Mehrsprachigkeit der Kinder beinhaltet (vgl. z. B. Prengel 2006).

So können Kindertageseinrichtungen Orte sein, in denen jedes Kind mit seinen Talenten, Schwächen und Hintergründen in seiner Einzigartigkeit wahrgenommen und wertgeschätzt wird und sich als Teil einer Kita-Gemeinschaft wahrnimmt. Für Kinder werden somit die besten Voraussetzungen geschaffen, sich als respektiertes und respektvolles Mitglied in die Gesellschaft einbringen zu können.

---

19 Z.B. durch die strategische Einbindung von mehrsprachigen Erzieherinnen und Erziehern bzw. pädagogischen Fachkräften mit Migrationshintergrund.

Literatur

Arbeiterwohlfahrt Bundesverband e.V. (Hrsg.) (2004): Interkulturelle Orientierung in Tageseinrichtungen für Kinder. Ein Leitfaden für die Praxis. Schriftenreihe Theorie und Praxis.
Bonn.

Auernheimer, G. (Hrsg.) (2008): Interkulturelle Kompetenz und pädagogische Professionalität.
Wiesbaden: VS Verlag für Sozialwissenschaften.

Bock-Famula, K. & Große-Wöhrmann, K. (2010): Länderreport Frühkindliche Bildungssysteme
2009. Transparenz schaffen – Gouvernance stärken. Gütersloh: Bertelsmann Stiftung.

Bommes, M. (2004): Erarbeitung eines operationalen Konzepts zur Einschätzung von Integra-
tionsprozessen und Integrationsmaßnahmen. Gutachten für den Sachverständigenrat für
Zuwanderung und Integration. Osnabrück.

Bourdieu, P. (1991): Physischer, sozialer und angeeigneter physischer Raum. In: M. Wentz (Hrsg.):
Stadt-Räume (S. 25–34). Frankfurt/Main: Campus.

Bundesministerium des Inneren (BMI) (2011): Migrationsbericht 2010. Berlin. http://www.bamf.
de/SharedDocs/Anlagen/DE/Publikationen/Migrationsberichte/migrationsbericht-2010.pdf;js
essionid=0EE84CEB8AD517AE0697852C6DF2C80C.1_cid244?__blob=publicationFile.

Bundesministerium für Arbeit und Soziales (BMAS) (2008): Der 3. Armuts- und
Reichtumsbericht der Bundesregierung. Berlin. http://www.bmas.de/DE/Service/
Publikationen/forschungsbericht-der-3-armuts-und-reichtumsbericht-der-bundesregierung.
html.

Bundesregierung (2007): Der Nationale Integrationsplan. Neue Wege – Neue Chancen. Berlin.
http://www.bundesregierung.de/Content/DE/Archiv16/Artikel/2007/07/Anlage/2007-07-12-
nationaler-integrationsplan.pdf?__blob=publicationFile&v=3.

Bundesregierung (2012): Der Nationale Aktionsplan Integration. Zusammenhalt stärken –
Teilhabe verwirklichen. Berlin. http://www.bundesregierung.de/Content/DE/_Anlagen/
IB/2012-01-31-nap-gesamt-barrierefrei.pdf?__blob=publicationFile&v=5.

Gomolla, M. & Radtke, F.-O. (2009): Institutionelle Diskriminierung. Die Herstellung ethnischer
Differenz in der Schule. Wiesbaden: VS Verlag für Sozialwissenschaften.

Gültekin, N. (2006): Interkulturelle Kompetenz: Kompetenter Umgang mit sozialer und kultureller Vielfalt. In: R. Leiprecht & A. Kerber (Hrsg.): Schule in der Einwanderungsgesellschaft.
Ein Handbuch. Schwalbach/Ts.: WochenschauVerlag.

Hamburger, F. (1990): Der Kulturkonflikt und seine pädagogische Kompensation.
In: E. J. Dittrich & F.-O. Radtke (Hrsg.): Ethnizität, Wissenschaft und Minderheiten (S. 311–
328). Opladen: Westdeutscher Verlag.

Konsortium Bildungsberichterstattung (Hrsg.) (2006): Bildung in Deutschland 2006. Ein indika-
torgestützter Bericht mit einer Analyse zu Bildung und Migration. Gütersloh: Bertelsmann
Stiftung. http://www.bildungsbericht.de/daten/gesamtbericht.pdf.

Leenen, W.R., Groß, A. & Grosch, H. (2008): Interkulturelle Kompetenz in der Sozialen Arbeit. In: G. Auernheimer (Hrsg.): Interkulturelle Kompetenz und pädagogische Professionalität (S. 101–123). Wiesbaden: VS Verlag für Sozialwissenschaften.

Prengel, A. (2006): Pädagogik der Vielfalt. Verschiedenheit und Gleichberechtigung in Interkultureller, Feministischer und Integrativer Pädagogik. Wiesbaden: VS Verlag für Sozialwissenschaften.

Roosevelt Thomas, R. (2001): Management of Diversity. Neue Personalstrategien für Unternehmen: Wie passen Giraffe und Elefant in ein Haus? Wiesbaden: Gabler.

Roth, J. & Köck, C. (Hrsg.) (2004): Culture Communication Skills. Interkulturelle Kompetenz. Handbuch für die Erwachsenenbildung. München: Bayerischer Volkshochschulverband e.V.

Sachverständigenrat deutscher Stiftungen für Integration und Migration (SVR) (2012): Integration im föderalen System: Bund, Länder und die Rolle der Kommunen. Jahresgutachten 2012 mit Integrationsbarometer. Berlin. http://www.svr-migration.de/content/wp-content/uploads/2012/05/SVR_JG_2012_WEB.pdf.

Statistisches Bundesamt (destatis) (2011): Bevölkerung und Erwerbstätigkeit. Bevölkerung mit Migrationshintergrund – Ergebnisse des Mikrozensus 2010. Wiesbaden. http://www.destatis.de/DE/Publikationen/Thematisch/Bevoelkerung/MigrationIntegration/Migrationshintergrund2010220107004.pdf?__blob=publicationFile.

Straub, J. (2007): Kultur. In: J. Straub, A. Weidemann & D. Weidemann (Hrsg.): Handbuch interkulturelle Kommunikation und Kompetenz (S. 7–23). Stuttgart: J.B. Metzler.

Wagner, P. (Hrsg.) (2008): Handbuch Kinderwelten. Vielfalt als Chance – Grundlagen einer vorurteilsbewussten Bildung und Erziehung. Freiburg: Herder.

Wehrhöfer, B. (2006): Zur Diskussion um interkulturelle Kompetenz, interkulturelle Orientierung und interkulturelle Öffnung. In: M. Grünhage-Monetti (Hrsg.): Interkulturelle Kompetenz in der Zuwanderungsgesellschaft (S. 28–34). Gütersloh: Bertelsmann Stiftung.

»Die Welt mit anderen Augen sehen« – Sensibilisierung und professionelle Haltung

Gisela Röhling

IN DEN VORHERGEHENDEN BEITRÄGEN haben wir viel über die Bedeutung der Kultur, die kulturelle Vielfalt auch in Deutschland und eine dafür auch schon in der Kita unabdingbare interkulturelle Kompetenz erfahren. Eine bzw. die entscheidende Grundlage stellt dafür die sowohl innere persönliche als auch professionelle Haltung der pädagogischen Fachkraft und ihre Sensibilisierung für Unterschiede, Gemeinsamkeiten und Hierarchien dar. Gleichzeitig beinhaltet interkulturelle Kompetenz die Fähigkeit, in kulturübergreifenden Situationen »Unterschiede«, Probleme oder Konflikte nicht zu »kulturalisieren«. Dies bedeutet, die Problemstellung nicht an der ethnisch-kulturellen Verschiedenheit festzumachen, sondern sich sensibel auf die Suche nach Ursachen für die Missverständnisse zu begeben. Schließlich impliziert interkulturelle Kompetenz das Gefüge von Fähigkeiten und Fertigkeiten, das es einer Person ermöglicht, in einer kulturellen Überschneidungssituation unabhängig, flexibel, sensibel, angemessen und damit auch wirkungsvoll zu handeln. Weitere persönlichkeitsbezogene Bestandteile sind Kritikfähigkeit, Einfühlungsvermögen, Kooperationsfähigkeit, Rollenflexibilität, Fehlerfreudigkeit, breites Verhaltensrepertoire, Perspektivenwechsel, Konfliktfähigkeit, Ambiguitätstoleranz, Selbstreflexion …

Hierzu ein Beispiel: Bei einem (jungen) Menschen mit ausländisch-klingendem Namen (bzw. Migrationshintergrund) erwarten die meisten eine Person mit schlechten Deutschkenntnissen und vielleicht auch geringer Schulbildung. So erlebte ein junger Mann (Vater Türke, Mutter Deutsche) wiederholt diskriminierende Situationen. Die Frage einer Oberstufen-Lehrerin: »Wie kommt es, dass du so gut deutsch sprechen kannst?« Ein weiteres Erlebnis: Ein Polizist vom Verkehrsunfalldienst hatte von demselben jungen Mann zunächst nur den Vor- und Zunamen in einem Unfallprotokoll gelesen und äußerte daraufhin sofort: »Na klar, schon wieder so ein Scheißtürke!« Der Polizei-Kollege (befreundet mit der deutschen Mutter) entgegnete daraufhin: »Den kenne ich – seine Mutter ist Deutsche!« In einem späteren Gespräch wiederholte der befreundete Polizist seinen Vorschlag, der Sohn solle doch einfach den Geburtsnamen der Mutter annehmen! Wichtig ist jedoch: Ob nun Lehrerin, Polizist oder andere Personen – jeder ist aufgefordert, vorschnelle Vor-Urteile zu vermeiden.

Interkulturelle Kompetenz ist keine Kompetenz, die gleich bleibt, sondern sich in einem ständigen Prozess befindet. Sie will und muss weiterentwickelt und der jeweils aktuellen Situation angepasst werden. Der Prozess des interkulturellen Lernens verläuft nicht linear, sondern ist ein dynamischer Vorgang. Der Grad der interkulturellen Kompetenz ist sowohl von äußeren Rahmenbedingungen (Ort, Zeit, Situation etc.) als auch von unseren inneren Entwicklungsprozessen abhängig. Inwieweit sind erlebte interkulturelle Überschneidungssituationen reflektiert und verarbeitet?

Die interkulturelle Qualifizierung impliziert also in erster Linie sensibel zu »werden« und die professionelle Haltung weiter zu stärken. Grundlage ist das Paradigma, dass jeder Mensch eine durch individuelle Erfahrungen, Einstellungen, kulturelle Prägungen, stillschweigende Annahmen und persönliche Glaubenssätze geformte subjektive Sicht der Realität hat. Unsere Wahrnehmung ist subjektiv und selektiv. Das, was wir von der Welt – durch unsere Sinne – wahrnehmen, wird quasi »gefiltert« durch unsere Werte, unsere Tagesform, unsere Interessen und weitere bereits genannte Aspekte. Dies spiegelt sich auch in dem von dem Philosophen Hans Vaihinger geprägten Begriff der »Inneren Landkarte« wider.

Viele Vorurteile über andere Menschen(-gruppen) werden bereits zum Zeitpunkt der frühkindlichen Sozialisation in der näheren sozialen Umgebung erlernt. Diese Vorurteile und Stereotypen sind Vorstellungen über andere soziale Gruppen, die wir als Wahrheiten betrachten und die somit starken Einfluss auf unser Verhalten gegenüber anderen Menschen haben. Diesen frühkindlichen Prozess der Stereotypen-Bildung bewusst zu machen, sollte zentrales Ziel einer entsprechenden interkulturellen Fortbildung sein. Voraussetzung für einen gelingenden interkulturellen Lernprozess sind jedoch zunächst Offenheit und die Bereitschaft zur Selbstreflexion. Zu erkennen, dass wir alle unsere kulturellen Brillen haben, kann ein zentraler Wendepunkt auf einem Lernweg sein, bei dem jeder Kultur als »Unsichtbares Selbstverständliches« (Keller 2011) wahrnimmt.

Der Prozess des interkulturellen Lernens findet dabei auf drei Ebenen statt: Grundlage bildet die (1) affektive Ebene (Bewusstseinsbildung), darauf bauen die (2) kognitive Ebene (Wissensvermittlung) und letztlich die (3) Verhaltensebene (Fertigkeiten und Methoden) auf:

(1) Zunächst einmal gilt es, sich des Verhaftet-seins in der eigenen Kultur mit Vorurteilen und Normen bewusst zu werden. Das beinhaltet die Erkenntnis, dass ich durch die Umgebung, in der ich aufgewachsen bin, mit einer bestimmten »Software« ausgestattet bin, die sich von anderen unterscheidet, die in einer anderen Umgebung aufgewachsen sind.

(2) Das Wissen um die andere Kultur beinhaltet Landeskunde, Sprache und auch die Vermittlung der spezifischen Kulturstandards. Darunter versteht man alle Arten des Wahrnehmens, Denkens, Wertens, Handelns, die von der Mehrzahl der Mitglieder einer bestimmten Kultur als verbindlich angesehen werden. Autoren wie zum Beispiel Edwards T. Hall, Geert Hofstede oder Fons Trompenaars haben Klassifizierungssysteme für interkulturelle Unterschiede vorgelegt, die zur »Mustererkennung« von interkultureller Erfahrung herangezogen werden können.

(3) Fertigkeit bezeichnet die Fähigkeit, Bewusstsein und Wissen in der Praxis anzuwenden. Hierzu gehören die Techniken der Metakommunikation, aktives Zuhören, die Fähigkeit zum Perspektivenwechsel und das »Neurahmen« von erlebten Situationen.

Exemplarisch sollen im Folgenden nun einige Methoden und Theorien vorgestellt werden, die Bestandteil der vom Niedersächsischen Institut für frühkindliche Bildung und Entwicklung konzipierten Fortbildung zur Interkulturellen Kompetenz sind (siehe dazu auch den Beitrag von Maria Korte-Rüther in diesem Band). Alle Inhalte sind darauf ausgerichtet, das Verstehen und Verständnis der Teilnehmerinnen und Teilnehmer und letztlich unter den Kulturen zu fördern.

Die Geschichte meines Namens

In der Einstiegsübung »Die Geschichte meines Namens« wird für die Teilnehmerinnen und Teilnehmer erfahrbar, wie sehr der Name mit der eigenen Identität verknüpft ist. Nach der Namensrunde schließt sich – wie bei allen anderen Methoden, Übungen und Theorie-Inputs – eine Reflexionsphase an. Selbst wenn eine Person wenig zu der Geschichte des Vor- oder Nach-Namens sagen konnte oder wollte, erfahren wir etwas über die Person und ihre Geschichte. Manchmal reicht dazu auch schon zu wissen, dass eine Person ihren Namen ablehnt oder besonders gerne mag. Oder auch: Der Name wurde bei Auslandsaufenthalten verändert – welche Gefühle und Gedanken wurden in diesem Zusammenhang erlebt?

Internationale Begrüßungen

In einer Übungseinheit erleben die Teilnehmenden, wie befremdlich und irritierend »Internationale Begrüßungen« sind bzw. sein können. Eigene »kulturelle Skripte« (Auernheimer 2007) bzw. Handlungsmuster sind mit selbstverständlichen Erwartungen verbunden. Beunruhigung, Enttäuschung, Des-Orientierung kann die Folge sein, wenn zum Beispiel unser Gegenüber die gewohnte Form der Begrüßung unbeachtet lässt. Als Missachtung gedeutet, kann diese Situation zu Kommunikationsstörungen führen. Sensibel dafür zu werden, dass Faktoren wie Geschlecht, Alter, soziale Stellung, die Vertrautheit der Personen oder auch das Hierarchiegefüge in Begrüßungssituationen von Bedeutung sind, ist Ziel dieser Übung. Deutlich werden soll darüber hinaus: Nonverbale Kommunikation macht in allen Interaktionen einen Großteil des Kommunikationsgeschehens aus. Im Seminar wird in der anschließenden Reflexion deutlich, wie wichtig es ist, genauer auf sein Gegenüber zu achten und mehr als nur ein Signal zur Kenntnis zu nehmen.

By my Bootstraps

Viele Deutsche können sich die Situation von Mitmenschen mit Migrationshintergrund »zwischen den Kulturen« kaum vorstellen. Die Übung »By my Bootstraps« macht auf besondere Weise die unterschiedlichen Ausgangs- und damit Startbedingungen von Menschen mit oder ohne Migrationshintergrund, von Männern und Frauen mit und ohne Behinderung »erfahr- und sichtbar«. Bedeutsam ist in dieser praktischen Übung, auf die Dimensionen von struktureller Diskriminierung aufmerksam zu werden. Im Zusammenhang wird ebenfalls im Anschluss diskutiert, ob »weniger kulturelle Unterschiede als vielmehr unzureichende Teilhabechancen als entscheidendes Hemmnis für eine gelingende Eingliederung (...) verantwortlich gemacht werden können« (Boss-Nünning & Karakaşoğlu 2006 S. 16). Wesentlich ist auch zu erkennen, dass Gesellschaft und ihre Subkulturen Kategorien von Kompetenzen und Fähigkeiten sehr unterschiedlich bewerten.

Persönliches Identitätsmolekül

Bei dieser Übung entscheidet zunächst jeder selbst, welche Gruppen-Zugehörigkeiten für ihn zu diesem Zeitpunkt gerade wichtig sind und trägt diese in ein Arbeitsblatt ein. Bei anschließend vorgegebenen Kategorien »stehen« die Teilnehmerinnen und Teilnehmer zu ihrer Gruppe (auf). Die beiden ersten Phasen der Übung werden nonverbal durchgeführt. Im Anschluss besteht die Möglichkeit, sich zu zweit über die eigenen Gruppen und Zugehörigkeiten auszutauschen. Im Plenum werden wichtige Aspekte, Erkenntnisse und Rückmeldungen festgehalten. Reflektiert werden die Themen: Ich und meine Gruppenbezüge, Für eine / zu einer Gruppe stehen (müssen), Leid- und freudvolle Erfahrungen bei Gruppenzugehörigkeiten sowie Zuschreibungen. Rollen werden von uns eingenommen, uns zugewiesen – ohne dass damit unsere Identität festgelegt wäre. Besonders die »Aufsteh-Übung« weckt das Bedürfnis bei den Teilnehmerinnen und Teilnehmern, sich erklären zu wollen. Ein Impuls, den die meisten Menschen im Alltag selten verspüren.

Barnga

Eine weitere erfahrungsorientierte Lernmethode ist das Kartenspiel »Barnga« (Thiagarajan & Steinwachs 1990). Bei dieser Simulation lernen die Teilnehmenden, dass kulturelle Unterschiede meist subtil und durch Analogien bedingt sind. Jede Kultur hat ihre Strukturen und Regeln über den Umgang des Miteinanders und wie es sich zu verhalten gilt. Diese Regeln und Normen sind häufig unbewusst. Vielmehr (über-)nehmen wir sie ganz selbstverständlich, ohne sie zu hinterfragen. Diese nonverbale Übung »arbeitet« mit »stillschweigenden Annahmen« und verdeutlicht noch einmal sehr klar, wie »not-wendend« manchmal ist, selbst die Erfahrung zu machen, sich nur eingeschränkt verständigen zu können und erst im Nachhinein zu erkennen: Man ist von ganz unterschiedlichen Voraussetzungen ausgegangen. Bei der Reflexion geht es unter anderem um Fragen, inwieweit die Teilnehmerinnen und Teilnehmer hier Ähnlichkeiten zum wirklichen Leben erkennen oder auch, wie sie mit solchen Störungen normalerweise umgehen. Zudem gilt es zu erfahren, dass »der Fremde sein Fremdsein nicht bestimmt und auch nicht ändern kann« (Gündogdu & Zenk 2008, S. 123).

Zum Ende der Fortbildung zur Interkulturellen Kompetenz erhalten die Teilnehmenden die Aufgabe, »ein Bild« zu finden, das für ihre Ausgangssituation und ihre heutige Perspektive in ihrem interkulturellen Lernprozess steht. Die Präsentation der »Zeichnungen« verdeutlicht noch einmal sowohl Parallelen als auch Unterschiede in den Sichtweisen und Erlebniswelten der (meist relativ heterogenen) Gruppe.

Fazit

Die Erfahrungen aus einem Interkulturellen Kompetenz-Training können entscheidend dazu beitragen, den Blick zu weiten. Im besten Falle bewirkt der Lern- und Reflexionsprozess, dass »(m)ein« Perspektivwechsel sehr zum Gelingen von Integrations- oder besser Inklusionsprozessen beitragen kann. Stellvertretend für (alle) Menschen mit Ausgrenzungserfahrungen möchte ich mit einem Zitat des Pfarrers, Referenten, Kabarettisten und Leistungssportlers Rainer Schmidt schließen, dem bedingt durch das Femur-Fibula-Syndrom beide Unterarme fehlen und dessen rechter Oberschenkel rund 25 Zentimeter kürzer als der andere ist: »Verzeihen Sie mir meine scheinbar respektlosen und flapsigen Bemerkungen, aber ich litt unter einem Kulturschock. Nie zuvor hatte ich einen behinderten Menschen gesehen und jetzt waren plötzlich überall welche. Nun werden Sie vielleicht sagen, ich sei doch selbst behindert. Stimmt, aber ich habe mich in den ersten sechs Jahren meines Lebens nicht behindert gefühlt. Ich habe nur gewusst, dass ich anders bin. Gefühlt habe ich: Ich bin normal!« (Schmidt 2008, S. 20 ff.).

Literatur

Auernheimer, G. (2007): Einführung in die Interkulturelle Pädagogik. Darmstadt: Wissenschaftliche Buchgesellschaft.

Boos-Nünning, B. & Karakaşoğlu, Y. (2006): Viele Welten leben – Zur Lebenssituation von Mädchen und jungen Frauen mit Migrationshintergrund. Münster: Waxmann.

Gündogdu, H. & Zenk, U. (2008): Kampf der Kulturen? – Zwei Frauen gestalten Integration. Books of Demand, Norderstedt.

Keller, H. (2011): Kinderalltag. Kulturen der Kindheit und ihre Bedeutung für Bindung, Bildung und Erziehung. Berlin/Heidelberg: Springer.

Schmidt, R. (2008): Spielend das Leben gewinnen – Was Menschen stark macht. Gütersloh: Gütersloher Verlagshaus.

Thiagarajan, S. & Steinwachs, B. (1990): Barnga – A Simulation Game on Cultural Clashes. Yarmouth, MA: Intercultural Press.

»Wie siehst du die Welt?« – Umweltwahrnehmungs- und Denkstile

Paula Döge | Lisa Schröder

CALEB WERDEN VERSCHIEDENE BILDER GEZEIGT. »Erzähl mir doch mal etwas über dieses Bild hier«, fordert die Versuchsleiterin ihn auf. »Ein Markt und die Menschen kaufen Obst«, antwortet Caleb. Theo sagt: »Dort sind Äpfel, dort Birnen und da auch noch Zitronen.« Calebs Antwort beschreibt die Situation als Ganzes. Theo hingegen legt den Fokus auf einzelne Objekte. An diesen beiden Antworten wird deutlich, dass Kinder Informationen ihrer Umwelt unterschiedlich beschreiben und somit auch auf unterschiedliche Art und Weise verarbeiten.

Häufig gehen wir ganz selbstverständlich davon aus, dass alle anderen eine Situation genauso oder ähnlich erleben und wahrnehmen wie wir selbst. Erst beim Austausch darüber wird deutlich, dass ein Anderer ganz andere Aspekte im Blick hatte als man selbst. In diesem Beitrag wird dargestellt, welche »Vorlieben«, sein Umfeld wahrzunehmen und sich damit auseinanderzusetzen, existieren und inwiefern unterschiedliche Wahrnehmungs- und Denkstile kulturell bedingt sind.

Einige Forscher haben sich sehr intensiv mit der Frage auseinandergesetzt, in welchen Bereichen des Denkens sich Menschen aus unterschiedlichen kulturellen Kontexten unterscheiden und womit diese Unterschiede möglicherweise zu erklären sind. Dabei wurden autonomieorientierte Kontexte (hauptsächlich in Westeuropa und den USA) mit relationalen Kontexten (hauptsächlich in Ost-Asien wie China, Hong Kong und Japan) verglichen. Autonomieorientierte Kontexte zeichnen sich dadurch aus, dass das individuelle Erleben und die Einzigartigkeit der Person betont werden. Auch wenn die Unabhängigkeit des Individuums im Vordergrund des Erlebens und Handelns steht, sind Beziehungen und eine soziale Einbettung natürlich wichtig, jedoch werden sie als freiwillig und verhandelbar angesehen. In relational orientierten Kulturen hingegen sind soziale Beziehungen verbindlicher und verpflichtend und entstehen durch die Eingebundenheit der Person in soziale Gruppen – sei es die (Groß-)Familie, eine dörfliche Gemeinschaft oder eine größere gesellschaftliche Einheit. Die Person wird immer als Teil eines sozialen Netzwerkes, d.h. als Teil eines Ganzen, betrachtet. Untersuchungen, die Personen aus diesen beiden kulturellen Kontexten vergleichen, zeigen Unterschiede in den Bereichen Aufmerksamkeit und Wahrnehmung, Logik, Kategorisierung sowie bei der Erklärung von Ereignissen (Nisbett & Masuda 2003; Nisbett & Miyamoto 2005).

Erklärung von Ereignissen

Werden Personen aus autonomieorientierten Kontexten gefragt, wie zum Beispiel ein Verbrechen oder ein Sportereignis erklärt werden kann, führen sie überwiegend individuelle Eigenschaften oder Fähigkeiten der beteiligten Person(en) als Ursache an. Zum Beispiel führen sie ein herausragendes Sportergebnis darauf zurück, dass die Person besonders ehrgeizig und willensstark ist. Solche Eigenschaften werden als dauerhafte und wenig veränderliche Persönlichkeitsmerkmale angesehen. Personen aus relationaleren Kontexten ziehen hingegen vermehrt die Situation als Ganzes in ihren Erklärungen heran. Sie begründen den Erfolg des Sportlers mit situationalen Faktoren wie die Wettkampfbedingungen oder variablen Persönlichkeitsmerkmalen wie die Tagesform. Auch wenn es nicht um die Erklärung menschlichen Verhaltens geht, sondern Ereignisse, Tiere oder unbelebte Gegenstände betrifft, treten diese Unterschiede zutage. In einer Studie wurden den Teilnehmenden kurze Zeichentricksequenzen gezeigt, in denen sich ein einzelner Fisch in Abhängigkeit eines Fischschwarms bewegte. Relational orientierte Teilnehmende sahen die Ursache für das Verhalten des einzelnen Fisches durch das Verhalten des Fischschwarms begründet, während autonomieorientierte Teilnehmende vordergründig Merkmale des Fisches selbst anführten. Auch hier sind es also einerseits eher Kontextfaktoren und andererseits individuelle Kennzeichen und Merkmale, die zur Erklärung von Verhalten herangezogen werden.

Kategorisierung von Objekten

Für die Kategorisierung von Objekten wurden auch Studien mit Kindern durchgeführt. Kinder bekamen Bildkarten vorgelegt, auf denen jeweils drei Objekte abgebildet waren; zum Beispiel eine Kuh, Gras und ein Huhn. Sie wurden dann gefragt, ob das Gras oder aber das Huhn besser zur Kuh passt. Die Kinder stützten ihre Auswahl entweder auf eine Zugehörigkeit von Objekten zu einer gemeinsamen Klasse (Kategorie), zum Beispiel Huhn und

Kuh, »weil beides Tiere sind«. Oder sie begründeten ihre Auswahl mit einem funktionalen Zusammenhang zwischen den Objekten, zum Beispiel Kuh und Gras, »weil die Kuh das Gras frisst«. Ein weiteres Beispiel wären die Objekte Fuß, Schuh und Hand. Hand und Fuß gehören beide zur Klasse der Körperteile; Fuß und Schuh stehen in einem funktionalen Zusammenhang, da der Fuß den Schuh anziehen kann. Kinder aus relational orientierten Kontexten führten Objekte aufgrund ihrer funktionalen Beziehung zusammen, während Kinder aus einem autonomieorientierten Hintergrund anhand von Klassenzugehörigkeit sortierten und begründeten. Dies verdeutlicht, dass die Kinder aus autonomieorientierten Kulturen regelbasiert an die Lösung dieser Aufgabe herangingen: Objekte gehören zusammen, weil sie zur gleichen Kategorie gehören. Hierbei geht es demnach um einen abstrakten Zusammenhang zwischen Objekten. Dahingegen steht bei relational orientierten Kulturen die funktionale Beziehung zwischen zwei Objekten im Vordergrund. Hierbei geht es demnach um einen konkreten Zusammenhang, in dem die beiden Objekte zueinander stehen.

Wahrnehmung und Aufmerksamkeit

Für die Bereiche Wahrnehmung und Aufmerksamkeit sind in der Forschung ebenfalls kulturelle Unterschiede beschrieben worden. Bei einer Gedächtnisaufgabe wurden den Teilnehmenden zum Beispiel Bilder von Stadtszenen, bestehend aus Häuserzeilen und einer Straße mit Autoverkehr, vorgelegt. Bei einer zweiten Betrachtungsrunde waren Details verändert worden, die entweder hervorstechende Objekte und ihre Eigenschaften (Farbe der Autos im Vordergrund des Bildes) oder die Komposition der Hintergrundumgebung (Anordnung der Häuserzeile) betrafen. Erwartungsgemäß bemerkten Personen aus autonomieorientierten Kulturen vorrangig die Veränderungen an vordergründigen und zentralen Objekten des Bildes. Teilnehmerinnen und Teilnehmer aus relational orientierten Kontexten bemerkten hingegen vorrangig Veränderungen, die den Hintergrund und die Beziehung von Hintergrundobjekten zueinander betrafen.

Auch beim Wiedererkennen von Objekten wurden Unterschiede deutlich: So bekamen die Teilnehmenden zum Beispiel einen Fisch vor einer Unterwasserwelt mit Wasserpflanzen gezeigt. Diesen Fisch sollten sie neben weiteren Fischen wiedererkennen. Wurde dabei der Hintergrund verändert, fiel es Personen aus relationalen Kulturen schwerer den »richtigen« Fisch auszumachen. Teilnehmende aus autonomieorientierten Kulturen erkannten den Fisch unabhängig vom jeweiligen Hintergrund.

Wenn die Augenbewegungen der Teilnehmenden beim Lösen derartiger Aufgaben aufgezeichnet und ausgewertet werden, sind diese unterschiedlichen Schwerpunkte der Aufmerksamkeit ebenfalls zu erkennen: Die Blickzeit von Menschen relationaler Kulturen liegt länger auf dem Hintergrund von Bildern, während die Blickzeit autonomieorientierter Kulturen sich vorrangig auf auffällige Objekte im Vordergrund richtet (Chua, Boland & Nisbett 2005).

Auch in der Art und Weise des künstlerischen Ausdrucks, wie er sich in Bildern oder Fotografien zeigt, lassen sich kulturelle Einflüsse nachzeichnen. Bei der Aufgabe, ein Foto von einer Person zu machen, wählten junge Erwachsene einer autonomieorientierten Kultur überwiegend ein klassisches Portrait mit dem Gesicht in Großaufnahme, während relational orientierte Teilnehmer vermehrt Bilder machten, die die gesamte Person in einem Raum, zum Beispiel auf einem Stuhl sitzend, zeigten. Die Person wird also eher als unabhängig und einzigartig in ihren individuellen Merkmalen (Autonomieorientierung) oder aber eingebettet in ihr Umfeld dargestellt. Auch in Zeichnungen tendieren relational orientierte Personen dazu, die zentrale Figur verhältnismäßig kleiner und weniger vordergründig zu zeichnen und der Umgebung mehr Raum auf dem Bild einzuräumen.

Der holistische und analytische Stil

Diese Untersuchungen machen deutlich, welche Bandbreite grundlegender menschlicher Fähigkeiten wie Wahrnehmung, Schlussfolgern, Kategorisierung etc. auf der Welt vorhanden ist, und dass Menschen aus unterschiedlichen kulturellen Kontexten die Welt auf unterschiedliche Art und Weise betrachten und über sie denken.

In relationalen Kulturen, bei denen soziale Beziehungen sehr wichtig sind, werden auch eher Beziehungen zwischen Objekten wahrgenommen, und eine Situation wird als ein zusammenwirkendes Ganzes betrachtet. Zum Beispiel liegt die Aufmerksamkeit auf dem Hintergrund, der Umgebung, in die ein Objekt eingebettet ist. Dieser kognitive Stil wird als der holistische (ganzheitliche) Stil bezeichnet.

In autonomieorientierten, individualistischen Kulturen werden Objekte eher als separate Einheiten wahrgenommen. Personen oder Objekte werden unabhängig von ihrem Umfeld wahrgenommen und eingeschätzt. Dieser kognitive Stil wird als der analytische (zerlegende) Stil bezeichnet. Unsere kulturspezifische Sozialisation wirkt sich demnach wörtlich darauf aus, »wie wir die Welt sehen«.

Die Bedeutung kognitiver Stile für frühes Fördern und Lernen

Welche Fragen stellen wir Kindern in alltäglichen pädagogischen Situationen, zum Beispiel beim Betrachten eines Bilderbuchs? Und welche Antworten erwarten wir von ihnen? Dass sie ein einzelnes, vordergründiges Objekt wie die kleine Raupe Nimmersatt herausgreifen und wir uns anschließend über ihr Aussehen oder die einzelnen Körperteile wie die Anzahl der Beine und Fühler unterhalten und nach Erklärungen suchen, warum die Raupe Nimmersatt wohl so viel Hunger hat? Oder erwarten wir, dass die Kinder in einem Wimmelbild die Zusammenhänge zwischen den abgebildeten Personen beschreiben? Sortieren wir Tiere danach, ob sie klettern können, nachtaktiv sind oder sich ganz schnell fortbewegen? Oder betrachten wir, welche Tiere alle ein Wasserloch in der Wüste nutzen, um ihren Durst zu stillen? Diese Varianten spiegeln sowohl analytische als auch holistische Herangehensweisen wider, wobei keine Variante besser oder schlechter und demzufolge zu bevorzugen oder zu vernachlässigen ist.

Das Wissen um unterschiedliche kognitive Stile kann vielmehr dazu beitragen, seinen eigenen Fokus in Alltagssituationen zu reflektieren. Ebenso kann es helfen, kindliche Antworten vor dem Hintergrund unterschiedlicher kognitiver Stile einzuschätzen und bei der Vermittlung von Wissen zu berücksichtigen.

Häufig legen wir viel Wert auf den analytischen Stil, indem wir nach einzelnen Objekten und deren Eigenschaften fragen. Zum Beispiel beim Betrachten eines Bilderbuches: »Was ist das für ein Tier?« »Welche Farbe hat der Elefant?« Kinder, die einen holistischen Stil bevorzugen, können eventuell eher dafür begeistert werden, ein Bilderbuch zu betrachten, wenn der Fokus auf das Geschehen als Ganzes gelegt wird. Zum Beispiel: »Was machen die Elefanten am Fluss?« oder »Mit wem hast du schon mal Elefanten gesehen?«

Oft haben wir eine konkrete Antwort im Kopf, die wir von Kindern erwarten und die wir für »richtig« und besonders »wichtig« erachten. In einer Studie aus den USA wird ein Beispiel berichtet (Trumbull, Rothstein-Fisch & Greenfield 2000): Eine Lehrerin besucht mit ihrer Klasse ein Naturschutzgebiet und fragt die Schüler: »Was wisst ihr über Kolibris?« Ein Schüler fängt an, eine Geschichte zu erzählen, als er mit seiner Oma im Garten einen Kolibri beobachtete. Die Lehrerin will allerdings auf Antworten über die physikalischen Eigenschaften von Kolibris hinaus (z.B. die Farbe des Gefieders, die Flugtechnik) und bricht die Geschichte des Schülers ab. Weitere Fragen der Lehrerin über verschiedene Tierarten werden von der Klasse anschließend nur spärlich beantwortet. Nach der Teilnahme an einem Projekt, in dem ein kultursensitives pädagogisches Vorgehen für den Schulkontext vermittelt wurde, nutzte die Lehrerin die persönlichen Erfahrungen und Erlebnisse der Kinder als Grundlage, um die Geschichten mit objektbezogenem Wissen zu verknüpfen. Zum Beispiel erzählte der Schüler, der den Kolibri gemeinsam mit seiner Oma beobachtet hatte: »Der Kolibri stand in der Luft.« Diese Beobachtung beinhaltet die wissenschaftliche Information, dass Kolibris sehr schnell mit ihren Flügeln schlagen. Zum einen sorgt diese Herangehensweise für eine größere Motivation der Kinder, sich zu beteiligen. Zum anderen wird das Wissen der Kinder mit großer Wahrscheinlichkeit besser verankert sein, wenn natürliche Phänomene mit Familienmitgliedern und Erlebnissen verbunden sind.

Die Kindertageseinrichtung ist spätestens seit den PISA-Studien als Bildungseinrichtung ins öffentliche Bewusstsein gerückt. Die Förderung etwa der Bereiche Mathematik und Naturwissenschaften ist Bestandteil sämtlicher Bildungs- und Orientierungspläne und wird dementsprechend auch in der Kita umgesetzt. Zahlreiche Programme und Fortbildungen unterstützen pädagogische Fachkräfte dabei, naturwissenschaftliche Phänomene altersgerecht mit den Kindern zu erforschen, kleine Experimente durchzuführen und daraus Schlussfolgerungen zu ziehen, die wiederum erneut überprüft werden können. Mit diesem Vorgehen verbindet sich die Erwartung, dass Kinder gemäß dem analytischen kognitiven Stil an solche Aufgaben herangehen und sie auf diese Art und Weise lösen. Gefördert werden dadurch die damit verbundenen Wahrnehmungsmuster, die wir eingangs beschrieben haben: Aufmerksamkeit auf Einzelheiten und individuelle Eigenschaften sowie formales Schlussfolgern. Interkulturelle Kompetenz bedeutet somit eine größere Öffnung von Bildungs- und Lernangeboten, die auch dem holistischen Wahrnehmungs- und Denkstil gerecht werden können. Die Herausforderung besteht darin, Lernsituationen für Kinder passend zu gestalten. Löst das Kind Aufgaben eher gemäß dem holistischen Stil, kann zum Beispiel die Verknüpfung mit persönlichen Erlebnissen eine förderliche Grundlage für die Wissensvermittlung sein. Bevorzugt ein Kind hingegen einen analytischen Stil, können zum Beispiel Wissens-Spiele, in denen es um die Benennung von Farben und Formen geht, eine wirksame Methode für den Erwerb von Wissen darstellen.

Durch einen offeneren Blick für unterschiedliche Sichtweisen »auf die Welt« können kindliche Wahrnehmungs- und Denkstile besser ausgelegt werden. Die Sensibilität für die Frage »Wie siehst du die Welt?« kann dazu beitragen, dass wir Kinder besser verstehen und fördern lernen.

Literatur

Chua, H.F., Boland, J.E. & Nisbett, R.E. (2005): Cultural variation in eye movements during scene perception. Proceedings of the National Academy of the United States of America, 102(35), pp. 12629–12633.

Nisbett, R.E. & Masuda, T. (2003): Culture and point of view. Proceedings of the National Academy of the United States of America, 100(19), pp. 11163–11170.

Nisbett, R.E. & Miyamoto, Y. (2005): The influence of culture: holistic versus analytic perception. Trends in Cognitive Sciences, 9(10), pp. 467–473.

Trumbull, E., Rothstein-Fisch, C. & Greenfield, P. (2000): Bridging cultures in our schools: New approaches that work. San Francisco, CA: WestEd.

Sprachbildung und Sprachförderung – Zentrale Themen und Herausforderungen in der interkulturellen Praxis

Lisa Schröder | Paula Döge

SPRACHE IST DAS GRUNDLEGENDE »WERKZEUG« (Vygotsky 1997) und die »Schlüsselkompetenz« (Jampert et al. 2007) für Kinder, um sich weitere (schulrelevante) Bildungsbereiche voll erschließen zu können. So stellt Sprache für den Erwerb verschiedener Bildungsbereiche, zum Beispiel von MINT[20]-Kompetenzen oder Wissen in den Bereichen Religion und Geschichte, die Schlüssel- und Basiskompetenz dar. Denn ohne Sprache können einem Kind übergreifende Zusammenhänge, Erklärungsmodelle, oder Sachverhalte nur begrenzt vermittelt und begreiflich gemacht werden. Sprachliche Kompetenzen sind demnach eine Voraussetzung in der kindlichen Entwicklung, um sich weitere Kompetenzen anzueignen.

Insofern ist es wichtig, Kindern aller Familienkulturen die Möglichkeiten zu bieten, ihre sprachlichen Kompetenzen so zu entwickeln und gegebenenfalls zu erweitern, dass eine erfolgreiche Teilhabe am formalen Bildungssystem möglich ist. Sprachbildung ist und bleibt in diesem Sinne eine gesamtgesellschaftliche Aufgabe der Integration, dennoch kommt den frühkindlichen Institutionen hier eine besondere Bedeutung zu. Die im Vergleich zur Institution Schule weit informellere Struktur der Kindertagesbetreuung bietet Spielraum, im Alltag sprachbildend und sprachförderlich aktiv zu sein. Diese Aufgabe ist in den vergangenen Jahren den pädagogischen Fachkräften (auch als Nachwirkung der ersten PISA-Wellen) mit Nachdruck zugewiesen und in Orientierungs- und Bildungsplänen festgehalten worden. Allerdings fehl(t)en dabei wissenschaftlich fundierte und auf ihre Wirksamkeit hin überprüfte Konzepte von Sprachbildung und -förderung bzw. eine systematische Vorbereitung der Fachkräfte auf diese Aufgabe. Vielmehr war und ist eine Vielzahl von Programmen und Ansätzen im Einsatz und trägt nicht gerade zur Übersichtlichkeit für das praktische Handeln in Krippe und Kindertageseinrichtung bei.

In der frühpädagogischen Praxis wird kindliche Mehrsprachigkeit bzw. Deutsch als Zweitsprache vielfach als die Hauptherausforderung interkultureller Arbeit betrachtet. Interkulturelle Kompetenz beschränkt sich

---

20 Mathematik, Informatik, Naturwissenschaften und Technik.

allerdings nicht auf den Umgang mit kindlicher Mehrsprachigkeit und die Unterstützung des Zweitspracherwerbs. Dabei mitzudenken ist auch, dass kulturbedingt unterschiedliche Konventionen, Normen und Werte an Sprache bzw. Kommunikation gebunden sind. Kulturelle Vielfalt umfasst nämlich nicht nur den Gebrauch unterschiedlicher Sprachen. Vielmehr zeigt sich interkulturelle Varianz auch im Umgang mit Sprache.

Für die pädagogischen Fachkräfte bedeutet dies, dass in den von ihnen betreuten Gruppen Kinder sind, deren Sprache und ihre über das Verbale hinausgehende Kommunikation familiär sehr unterschiedlich geprägt sind. Manche sprachbildenden Verhaltensweisen eignen sich daher mehr oder weniger gut für einzelne Kinder: eben je nach ihrer Familienkultur, dem Alter und aktuellem Entwicklungsstand.

Spracherwerbsstrategien

Mit etwa zehn Monaten verstehen Kinder circa 60 Worte. Mit 18 Monaten können sie rund 50 Wörter selbst sprechen (und 200 verstehen). Ab dann lernen Kinder circa neun Wörter jeden Tag hinzu. Kinder sind demnach regelrechte Sprachgenies! Die Aufzählung dieser (und weiterer) Etappen kindlicher Sprachentwicklung, die sich auch in vielen Fachbüchern finden lässt (z. B. Weinert & Grimm 2008), kann den Eindruck vermitteln, dass der Prozess des Spracherwerbs bei allen Kindern zwar mit gewisser zeitlicher Variation, aber grundsätzlich gleichartig abläuft. Es gibt aber auch wissenschaftliche Erkenntnisse, die unterschiedliche Spracherwerbsstrategien herausarbeiten konnten (vgl. auch den Abschnitt »Sprache – Sprachentwicklung – Sprachlernunterstützung« in Borke, Döge & Kärtner 2011). Aufseiten des Kindes kann man ebenso wie bei Wahrnehmungs- und Denkstilen die analytische von der holistischen Strategie unterscheiden (Szagun 2006). Bei der analytischen Strategie dominiert das Erlernen von Objektwörtern und Namen von Objekten, die flexibel zu Sätzen kombiniert werden. Beim holistischen Spracherwerbsstil hingegen vergrößert sich der Wortschatz langsamer, die Kinder greifen auf feststehende Ausdrücke zurück und imitieren häufiger andere Personen, oftmals bereits mit korrekter, aber eher undeutlicher Intonation von Sätzen. Hier ist ein stärkerer sozialer Bezug im Spracherwerb erkennbar. Generell ist die kindliche Spracherwerbsstrategie nicht etwas, was ausschließlich vom Kind bestimmt wird, sondern sich in Abhängigkeit von seinem sprachlichen Umfeld, in dem es die Sprache(n) lernt, entwickelt.

Spracherwerb durch Kommunikation im Alltag

Kinder erwerben ihre Erstsprache sozusagen nebenbei im Alltag, ohne mühsames Pauken von Vokabeln und Grammatik. Sie lernen Sprache ganz einfach dadurch, dass sie Sprache in ihrer Umwelt hören (schon im Mutterleib) und nach der Geburt mit ihnen gesprochen wird. Sie haben von Geburt an ein natürliches Interesse an Kommunikation und sozialem Austausch mit ihren Mitmenschen. Kinder erlernen also Sprache, weil sie kommunizieren wollen. Dabei dient ihnen Sprache als ein nützliches Werkzeug im Alltag, welches sie gezielt einsetzen: Sei es, um ein Ziel zu erreichen (z.B. die Schokolade aus dem Regal gereicht zu bekommen), eine Situation zu erklären (z.B. was der große Bruder ihnen weggenommen hat) oder von einem aufregenden Ereignis zu berichten (z.B. einem Feuerwehrbesuch in der Kita). Kinder erwerben Sprache im Rahmen bedeutungshaltiger Situationen des Alltages. Für eine erfolgreiche Sprachbildung ist diese natürlich Motivation von Kindern, sich sprachlich mit- und auszutauschen, die zentrale Grundlage. Damit Kinder ihre Motivation und ihr natürliches Potenzial, Sprache zu erwerben, nutzen und ausschöpfen können, sind sprachliche Anregung und Vielfalt im Alltag allerdings zentral.

Kinder wachsen jedoch in unterschiedlichen Familienkulturen auf und erfahren hier auch sehr unterschiedliche Sprachumwelten. Dabei wird der natürliche Drang, sich sprachlich auszutauschen, je nach Familienkultur und ihren jeweiligen Werten und Normen unterschiedlich stark angeregt. Wie und auch was innerhalb der Familie mit dem Kind gesprochen wird, steht in Wechselwirkung mit der kindlichen Spracherwerbsstrategie und vermittelt darüber hinaus kulturell geprägte Kommunikationsmuster und -modelle.

Sprachkulturen

In einer jeden Gesellschaft existieren verschiedene kulturelle Kontexte mit unterschiedlichen Werten, Normen und Konventionen in Bezug auf angemessenes Verhalten (Keller 2010). Auch in der Verwendung von Sprache – also im Sprachverhalten – spiegeln sich entsprechend kulturelle Werte und Normen wider.

Je nach kulturellem Modell (siehe dazu auch den Beitrag von Heidi Keller in diesem Band) machen Kinder unterschiedliche sprachliche Erfahrungen in ihrer Familie. In manchen Familienkulturen dient die Kommunikation zwischen Erwachsenen und Kindern hauptsächlich dazu, dem Kind etwas beizubringen: Der Erwachsene erwartet vom Kind, dass es aufmerksam zuhört und etwas lernt. Der erfahrene Erwachsene leitet dabei die Unterhaltung an und gibt vor, über was gesprochen wird.

In anderen Familienkulturen dient die Kommunikation dem aktiven Austausch zwischen Erwachsenem und Kind: Der Erwachsene erwartet vom Kind, dass es etwas zur Unterhaltung beiträgt und behandelt das Kind als quasi »gleichwertigen« Gesprächspartner. Diese unterschiedlichen »Sprachkulturen« machen in der jeweiligen Familienkultur für ein erfolgreiches Zusammenleben Sinn und sind wertfrei zu unterscheiden (vgl. z.B. Schröder et al. 2012). Im Folgenden sind zwei Auszüge aus Mutter-Kind-Unterhaltungen zu sehen, die diese unterschiedlichen Sprachkulturen verdeutlichen. Familien aus (A) *autonomieorientierten* Kontexten legen verstärkt Wert darauf, dem Kind frühzeitig zu vermitteln, dass es eine eigenständige und von anderen unabhängige Persönlichkeit mit individuellen Vorstellungen, Ideen und Vorlieben ist. Die Besonderheit der einzelnen Person und das Sprechen über eigenes Erleben, eigene Wünsche etc. werden daher auch in der Kommunikation verankert und vermittelt. In (B) *relational orientierten* Kontexten ist es Eltern wichtig, das Kind in die Gemeinschaft »hineinzuerziehen«. Das bedeutet, dem Kind die Verbundenheit mit anderen nahezubringen, aber auch die damit verbundenen Hierarchien innerhalb des sozialen Umfelds und das dafür angemessene (kommunikative) Verhalten zu vermitteln.

Der erste Auszug (Beispiel 1) stammt aus einer Mutter-Kind-Dyade eines autonomieorientierten Kontextes (Berliner Mittel-Klasse-Familie), der zweite Auszug (Beispiel 2) aus einer Mutter-Kind-Dyade eines relational orientierten Kontextes (Familie der Nso-Ethnie im ländlichen Kamerun).

Beispiel 1:
Mutter: Wo waren wir denn da? Waren wir da auf einem Kinderfest?
Kind: Ja.
Mutter: Und was hast du da gemacht?
Kind: Kuchen gegessen.
Mutter: Genau! Und wo bist du denn gehüpft?
Kind: Trampoli.
Mutter: Und wie … waren da ganz viele Kinder auf dem Trampolin?
Kind: Ja.

Mutter: Und was haben wir noch gemacht? ... Mit Papa bist du doch noch ein-mal losgegangen. Und was hast du da geholt?

Kind: Ja ...

Mutter: Diese Luftballons? ... Den Herzchenluftballon? ... Den haben wir ja vergessen!

Kind: Ja.

Mutter: Den haben wir ja vergessen bei Nino.

Kind: Ja.

Mutter: Ja.

Kind: Ja ja, EISSSS!

Mutter: Eis haben wir da gegessen?

Kind: Ja.

Mutter: Ja, stimmt!

Beispiel 2:

Mutter: Wir sind zum Haus von Mis Mutter gegangen und was hat sie dir gege-ben?

Kind: Wer?

Mutter: Mis Mutter. Was hat sie dir gegeben?

Kind: Puff Puff. (Bezeichnung für eine kamerunische Getreidespeise)

Mutter: Setz dich auf den Stuhl. Du bist zum Haus von Sallama gegangen und hast was gehört, was sie gemacht haben?

Kind: Mmh?

Mutter: Du bist zum Haus von Sallama gegangen und hast was gehört, das sie gemacht haben?

Kind: Mmh?

Mutter: Du bist zum Haus von Sallama gegangen und hast was gehört, das sie gemacht haben?

Kind: Ich habe nicht gehört.

Mutter: Ich sage es, eh? Du bist zum Haus von Sallama gegangen und hast was gehört, das sie gemacht haben?

Kind: Sie ...

Mutter: Sie sangen das Lied, das was?

Kind: Sie gaben Puff Puff und du gabst Puff Puff.

Mutter: Sie gaben Puff Puff?

Kind: Du gabst Puff Puff.

Es wird deutlich, dass sich die Unterhaltungen sowohl darin unterscheiden »Wie« sie strukturiert sind als auch »Was« thematisiert wird.

Das »Wie«: Im ersten Beispiel schmückt die Mutter die Unterhaltung mit viel Information und Details aus; sie stellt insbesondere offene Fragen (z.B. »Und wo bist du denn gehüpft?«), bei denen das Kind dazu aufgefordert wird, mit mehr als »Ja« oder »Nein« zu antworten und bestätigt die Beiträge ihres Kindes vielfach. Das ist typisch für den autonomorientierten Kontext und wird als *elaborativer Sprachstil* bezeichnet. Im zweiten Beispiel bringt die Mutter weniger Details und Informationen in die Unterhaltung ein, sondern wiederholt dieselben Fragen oft wieder und wieder. Dieser *repetitive Sprachstil* überwiegt in relational orientierten Kontexten.

Das »Was«: Der inhaltliche Fokus liegt in dem ersten Beispiel auf dem Kind (»Was hast *du* gemacht?« »Wo bist *du* gehüpft?«) bzw. auf Objekten (z.B. Luftballon, Eis). In dem zweiten Beispiel liegt der Fokus primär auf anderen Personen als auf dem Kind (»Was haben *sie* gemacht?« *»Sie* gaben Puff Puff.«). Soziale Inhalte stehen hier im Mittelpunkt.

Was spiegeln diese Sprachkulturen wider? Durch den elaborativen Sprachstil und die kindzentrierte Unterhaltung wird ein autonomes Selbstkonzept gefördert, wie es in autonomieorientierten Kontexten erwünscht ist: Die Mutter erinnert ein einzigartiges Ereignis mit dem Kind und gibt ihm viel Rückmeldung über seine Beiträge. Sie behandelt das Kind als einen quasi gleichberechtigten Gesprächspartner, der dazu aufgefordert wird (z.B. durch offene Fragen), sich aktiv an der Unterhaltung zu beteiligen. Inhaltlich steht im Vordergrund, was das Kind getan und erlebt hat. Die Individualität des Kindes und sein einzigartiges Erleben werden thematisiert.

Im Gegensatz dazu wird durch den repetitiven Stil und den Fokus auf soziale Inhalte ein bezogenes Selbstkonzept gefördert, wie es in relational orientierten Kontexten erwünscht ist: Die Mutter gibt klar vor, was das Kind erinnern soll und fordert es in erster Linie dazu auf, ihre Perspektive zu bestätigen (z.B. durch geschlossene Fragen). Dies spiegelt ein hierarchisches Lehrer-Schüler-Verhältnis zwischen Mutter und Kind wider. Inhaltlich fokussiert die Mutter darauf, was andere und nicht das Kind gemacht haben. Dies spiegelt wider, dass das Kind sich in eine soziale Gemeinschaft einfügen und sich nicht davon abheben soll.

Beide Gesprächsstile[21] zielen demnach auf unterschiedliche Ziele ab, die Eltern für die Entwicklung ihrer Kinder haben. Diese Ziele erfüllen ihren Zweck in den jeweiligen Familien und sind beide sinnvoll.

Welche Wirkung haben diese unterschiedlichen Sprachstile?

Mit diesen unterschiedlichen Sprachkulturen der Mütter geht einher, dass Kinder unterschiedlich viel zu der Unterhaltung beitragen.

Das »Wie«: Der elaborative Stil führt dazu, dass Kinder sich regelmäßig sprachlich in Unterhaltungen einbringen. Dies erklärt sich zum Beispiel durch den Gebrauch vieler offener Fragen und die positiven Rückmeldungen, die Kinder erfahren, wenn sie sich an der Unterhaltung beteiligen. Studien belegen, dass ein elaborativer Gesprächsstil die Sprachentwicklung von Kindern unterstützt (z.B. Reese & Newcombe 2007). Indem Kinder innerhalb von Unterhaltungen aktiv zum Sprechen angeregt werden, wirkt sich dieser Stil langfristig positiv auf die kindliche Sprachentwicklung aus. Entsprechend zeigen Studien, dass sich dieser Stil auch positiv auf die späteren Lese- und Schreibfähigkeiten (Literacy) auswirkt (Reese et al. 2010). Es ist demnach wichtig, Kindern in der Kita eine Sprachumwelt zu bieten, die den elaborativen Stil verwendet.

Das »Was«: Auf der inhaltlichen Ebene hat sich gezeigt, dass Kinder aus relational orientierten Familien mehr zu Gesprächen beitragen, wenn diese sich auf soziale Inhalte beziehen (Schröder et al. 2011). Kinder dieser Familienkulturen sind es nicht gewohnt und es ist vonseiten der Eltern auch häufig nicht erwünscht, dass sie ihr inneres, individuelles Erleben zum Ausdruck bringen, wie es bei kindzentrierten Inhalten geschieht. Um insbesondere Kinder aus diesen Familienkulturen in Gespräche aktiv einzubeziehen, ist ein sozialer Fokus auf inhaltlicher Ebene sinnvoll. Zusätzlich kann dieser dazu beitragen, dass soziale Kompetenzen aller Kinder gefördert werden.

---

21 Die in den Beispielen dargestellten Unterhaltungen sind Extreme, die selbstverständlich auch in verschiedenen Ausprägungen in Familienkulturen vorzufinden sind. Die Beispiele dienen in erster Linie dazu, die verschiedenen Sprachstile deutlich zu demonstrieren.

Fazit

Für eine erfolgreiche Sprachbildung ist grundlegend, die natürlichen Spracherwerbsmechanismen von Kindern zu nutzen. Um die kindliche Sprachentwicklung zu fördern, reicht es nicht aus, Sprache in alltagsfernen Situationen zu »üben«. Vielmehr ist es wichtig, Sprachentwicklung und -bildung als einen alltagsbasierten Prozess zu verstehen, der in jeder Alltagssituation stattfindet. Gemeinsame Sprach-Bildung (im Sinne von »Schaffung«, »Formung« von Sprache) im Alltag ist der Schlüssel zu einer erfolgreichen Sprachbildung (im Sinne von »sprachlich gebildet sein«). Alle pädagogischen Fachkräfte eines Kita- oder Krippen-Teams sollten sich ihrer wichtigen Funktion für die kindliche Sprachbildung bewusst sein und diesen Bildungsbereich nicht durch eine einzelne Sprachförderkraft abgedeckt sehen.

Um Kinder im Alltag sprachlich zu bilden, ist es wichtig, (1) Kindern ein Sprachvorbild zu sein und (2) Kinder zum Sprechen anzuregen. Dabei ist das Wissen um verschiedene Sprachkulturen, die Kinder zuhause erfahren, von großer Bedeutung. Zum einen kann dieses Wissen zu einem besseren Verständnis von unterschiedlichem kindlichem Verhalten führen: Warum antwortet das Kind nicht auf meine Fragen? Zum anderen kann es hilfreich sein, um Kinder aus weniger autonomieorientierten Familienkulturen zum Sprechen anzuregen, indem weniger kindzentrierte Inhalte (z.B. »Was hat dir am Wochenende besonders gefallen?«), sondern soziale Inhalte (z.B. »Wer war am Wochenende beim Ausflug dabei?«) thematisiert werden.

Ein weiterer zentraler Punkt ist die Reflexion des eigenen Sprachstils. Hierbei ist zum einen der zuvor beschriebene inhaltliche Fokus – »Was« für Inhalte thematisiere ich? – wichtig. Zusätzlich ist es notwendig, sich über sein eigenes Sprachverhalten – »Wie« strukturiere ich Alltagsunterhaltungen? – bewusst zu sein. Offene Fragen und positive Rückmeldungen sowie die Verwendung eines breiten Vokabulars sollten gezielt eingesetzt werden, um Kinder zum Sprechen anzuregen und darin zu bestärken, sich aktiv zu beteiligen. Dabei kann es hilfreich sein, eigene Unterhaltungen mit Kindern aufzunehmen, um sich seinen eigenen Sprachstil bewusst zu machen. Zusätzlich ist das gegenseitige Feedback unter Kolleginnen und Kollegen eine sehr hilfreiche Strategie, um sein eigenes Sprachverhalten zu reflektieren und gegebenenfalls zu verändern. So kann systematisch eine Kita-Sprachkultur im Alltag entwickelt und geschaffen werden.

Damit Sprachbildung im Kita-Alltag gut funktioniert, sind demnach folgende Aspekte zentral:

(1) Das Bewusstsein des Kita- oder Krippen-Teams in seiner Bedeutung für die kindliche Sprachbildung im Alltag
(2) Das Wissen um verschiedene Sprachkulturen, die Kinder zuhause erfahren
(3) Die Reflexion des eigenen Sprachverhaltens, um sprachanregende Strategien gezielt einzusetzen.

Literatur

Borke, J., Döge, P. & Kärtner, J. (2011): Kulturelle Vielfalt bei Kindern in den ersten drei Lebensjahren. Eine Expertise der Weiterbildungsinitiative Frühpädagogischer Fachkräfte (WiFF). München: Deutsches Jugendinstitut e. V.

Jampert, K., Best, P., Guadatiello, A., Holler, D. & Zehnbauer, A. (2007): Schlüsselkompetenz Sprache: Sprachliche Bildung und Förderung im Kindergarten. Konzepte – Projekte – Maßnahmen. Weimar/Berlin: verlag das netz.

Keller, H. (2010): Kinderalltag: Kulturen der Kindheit und ihre Bedeutung für Bindung, Bildung und Erziehung. Heidelberg: Springer.

Reese, E., Leyva, D., Sparks, A. & Grolnick, W. (2010): Maternal elaborative reminiscing increases low-income children's narrative skills relative to dialogic reading. Early Education and Development, 21, pp. 318–342.

Reese, E. & Newcombe, R. (2007): Training mothers in elaborative reminiscing enhances children's autobiographical memory and narrative. Child Development, 78, pp. 1153–1170.

Schröder, L., Keller, H., Kärtner, J., Abels, M., Yovsi, R., Chaudhary, N., Jensen, H. & Papaligoura, Z. (2012): Early reminiscing in cultural context: Cultural models, maternal reminiscing styles, and children's memories. Journal of Cognition and Development.

Schröder, L., Keller, H., Tougu, P., Tulviste, T., Lenk, M., Schwarzer, M., Rübeling, H. & De Geer, B. (2011): Cultural expressions of preschoolers' emerging self: Narrative and iconic representations. Journal of Cognitive Education and Psychology, 10, pp. 77–95.

Szagun, G. (2006): Sprachentwicklung beim Kind. Ein Lehrbuch. Weinheim: Beltz.

Vygotsky, L.S. (1997): The collected works of L.S. Vygotsky, Vol. 4: The history of the development of higher mental functions. New York: Plenum Press.

Weinert, S & Grimm, H. (2008): Sprachentwicklung. In: R. Oerter & L. Montada (Hrsg.): Entwicklungspsychologie (S. 502–534). Weinheim/Basel: Beltz.

»Oh, das kannst du?«[22] – Künstlerisch-musisch-ästhetische Bildung als Motor interkultureller Praxis

Marianne Heyden-Busch

In diesem Beitrag geht es um den Bereich der künstlerisch-musisch-ästhetischen Bildung, der häufig auch im soziokulturellen Kontext von Stadtteilarbeit stattfindet und unter dem Begriff der »Kulturellen Bildung« subsummiert wird. Da in diesem Buch die »Kulturelle Bildung« jedoch in einem weiteren Sinne als Vermittlung und Verständnis von Alltagskultur verstanden wird, verwenden wir in diesem Beitrag zur Abgrenzung den Begriff »Kulturelle / musisch-ästhetische Bildung«.

Die interkulturelle Vielfalt ist eine zentrale Gestaltungsaufgabe des pädagogischen Alltags wie einer lebendigen Demokratie überhaupt. Alle sollten, wie Theodor W. Adorno sagte, »ohne Angst verschieden sein können«. Dies bedeutet, das Fremde, Unbekannte wahrzunehmen und anzuerkennen sowie das Gemeinsame zusammen zu leben und zu gestalten. Neben dem Erwerb von Wissen – aber nicht nur mehr Wissen über die anderen Kulturen – geht es vor allem um eine veränderte Sichtweise anderen Menschen gegenüber. »Es gilt eine Haltung zu entwickeln und zu verinnerlichen, die Vielfalt tatsächlich als Chance und als Ressource im Prozess der kindlichen Entwicklung und Bildung versteht« (Herrmann & Thünemann-Albers 2012, S. 12).

Für die Auseinandersetzung mit unterschiedlichen Lebens- und Erfahrungswerten, Herkünften und Kulturen bietet die Kulturelle /musisch-ästhetische Bildung einen wunderbaren Rahmen, indem sie Kindern Freiheit, Raum und Zeit gibt, ihren eigenen Erfahrungen und Vorstellungen einen ganz persönlichen Ausdruck zu geben. Ausgehend von der Wahrnehmung mit allen Sinnen, lernen die Kinder mit verschiedenen künstlerischen Ausdrucksformen wie Theater, Kunst, Musik, Tanz, Zirkuskünsten, Literatur, Film oder Medien umzugehen. Gleichzeitig eröffnet die Zusammenarbeit mit Künstlerinnen und Künstlern, Musik-, Tanz- oder Kul-

---

22 Ausspruch einer Mutter zu ihrem Kind bei der Werkschau des Kunstprojekts »Kunst und Natur« des Bereichs Stadtteilkulturarbeit der Landeshauptstadt Hannover und der Grundschule Mühlenberg in Zusammenarbeit mit der Kunstschule KunstWerk e.V.

turpädagoginnen und -pädagogen auch den pädagogischen Fachkräften in Kindertageseinrichtungen und Schulen neue Erkenntnisse und Handlungsansätze für ihre Praxis und erweitert ganz nebenbei ihre interkulturelle Kompetenz.

Die vielen Sprachen der Kunst

Der Ausdruck mit Bildern, Tönen, Mimik und Gestik ermöglicht die Beteiligung aller Kinder und führt sie an neue Erfahrungen heran – für sich allein und in der Gruppe. So sind die Projekte Kultureller / musisch-ästhetischer Bildung ausdrücklich darauf ausgerichtet, dass auch alle diejenigen Kinder erreicht werden, deren Eltern nicht von sich aus auf die Bildungseinrichtungen zukommen.[23]

Grundsätzlich geht es bei der Kulturellen / musisch-ästhetischen Bildung für die Kinder wie für die Erwachsenen darum, über den eigenen Tellerrand zu schauen, andere Sichtweisen und Deutungen kennenzulernen und Handwerkszeug für eigene künstlerische Ausdrucksformen zu erlernen. Sie wird nicht als Sparte gesehen, sondern bietet im ganzheitlichen Ansatz mit interdisziplinärem Vorgehen an, alle Sprachen der Kunst einzubeziehen, die Dinge zusammenzubringen und Zusammenhänge herzustellen. So definierte der Kultuwissenschaftler und Vorsitzende des Deutschen Kulturrates Max Fuchs die Kulturelle / musisch-ästhetische Bildung als Allgemeinbildung. »Ästhetische Erfahrungen, die spielerische Schulung der Sinne und die künstlerisch-kreative Praxis sind Ausgangspunkte aller Selbst- und Welterfahrung« (Schlussbericht der Enquete-Kommission 2008, S. 382). Es geht um Wahrnehmen und Aufnehmen, ohne gleich einzuordnen oder zuzuordnen. Ein ganz alltäglicher Vorgang, um sich die Welt durch Auseinandersetzung mit Unbekanntem anzueignen. Vielfalt bedeutet so eine Chance und Ressource für den Entwicklungs- und Lernprozess aller Kinder und Erwachsenen, und die »Menschen werden nicht als Problem, sondern als potentielle und konkrete Bereicherung gesehen« (Kolland 2010, S. 26). In diesem Sinne kann Kulturelle / musisch-ästhetische Bildung die Lernprozesse aller Kinder gleichermaßen fördern.

---

23 Laut »Bildung in Deutschland 2012«, Pressemitteilung des Bundesministeriums für Bildung und Forschung 079/2012 am 22.06.2012, besuchen 94% aller Kinder im Alter von drei bis fünf Jahren in der Bundesrepublik Deutschland eine Kindertagesstätte.

Auch die Erkenntnisse der Hirnforschung (Hüther 2011) untermauern die Wichtigkeit auch einer solchen Bildung in den ersten Lebensjahren. Sie haben »nachgewiesen, dass die passive wie die aktive Beschäftigung mit Musik, Bildender Kunst und Tanz zu einer höheren Strukturierung des Gehirns und damit zu einer differenzierteren Wahrnehmung und Verarbeitung von Informationen führt. Kunst hat als kulturelle Fertigkeit zumeist eine derart hohe Komplexität, dass sie die Möglichkeiten des Gehirns nach heutigen Erkenntnissen weitestgehend beansprucht« (Schlussbericht der Enquete-Kommission 2008, S. 379).

Ob kreative Gestaltung mit Bilderbüchern, musikalisch-rhythmische Schulung, bildnerische Gestaltung oder körperlicher Ausdruck – hier ist bei den Kindern die volle Aufmerksamkeit nötig. Sie sind ganz dabei, versuchen, ihre Ideen und Fantasien auszudrücken, die Bewegungen nachzuahmen, die Musik in ihrem Körper zu empfinden und lernen die Sprache als Rhythmus- und Klanginstrument kennen. Und, das ist das Allerwichtigste, sie empfinden Spaß und Lust bei solchen »Arbeiten«. Mit dieser Motivation und den positiven Erinnerungen wird das Erlernte leichter abgespeichert. Die Kinder lernen das Lernen mit dem ganzen Körper. Neben der Entdeckung eigener künstlerischer Talente werden ihre Sprachfähigkeit, die körperliche Ausdrucksfähigkeit, Feinmotorik und ihr handwerkliches Geschick weiter ausgebildet.

In der Kulturellen / musisch-ästhetischen Bildung wird die Persönlichkeit der Kinder wie der Erwachsenen als Ganzes angesprochen und einbezogen. Hier sind die jeweils individuellen Erfahrungen der Sinne und des persönlichen Ausdrucks in den verschiedenen »Sprachen der Kunst« – und nicht zuallererst auf der kognitiven oder sprachlichen Ebene – Ausgangspunkt für vielfältige Bildungsprozesse. So sagte auch Loris Malaguzzi, ein bedeutender Wegbereiter der Reggio-Pädagogik: »Ein Kind hat hundert Sprachen ...«

Kinder können eigene Potenziale erkennen, Mut für eigenverantwortliches Handeln entwickeln und sich eine »innere Balance« erhalten. Über Kulturelle / musisch-ästhetische Bildung werden auch die Schlüsselkompetenzen gestärkt, die Identitätsbildung gefördert und Begabungen entdeckt sowie die sprachlichen Ausdrucksmöglichkeiten der Kinder verbessert oder erweitert. Vanessa-Isabelle Reinwand, Direktorin an der Bundesakademie für kulturelle Bildung in Wolfenbüttel, stellt hierzu fest: »Ästhetisches Lernen kann ein Schlüssel in der Förderung kulturell heterogener Gruppen sein, um Sprachbarrieren und kulturelle Grenzen, die durch spezifische innerkulturelle Codes entstehen, zu überwinden. Bei einem wachsenden Anteil an Kindern in unserem Land, deren Muttersprache nicht Deutsch ist, überzeugen die frühen umfassenden Förderperspektiven kultureller Bildung« (Reinwand 2010, S. 4).

Die Ausbildung interkultureller Kompetenzen wird mit Kulturell/musisch-ästhetischer Bildung gleichzeitig gefördert, indem sie den Respekt füreinander und die gegenseitige Akzeptanz unterstützt. Kunst in ihren vielfältigen Formen ermöglicht es, Kommunikationsbrücken herzustellen – auch, um auf vielfältige Weise Wissen übereinander zu erhalten und sich mitzuteilen. Dabei ist auch die gemeinsame Schaffung neuer interkultureller Kunst-Werke inbegriffen. Neben eigenen künstlerischen Erfahrungen geht es um die Erweiterung des Selbstvertrauens und der Selbstachtung genauso wie um mehr Verständnis und Toleranz für Verschiedenheit (Kolland 2010). Über dieses »Neue« für alle Beteiligten, für die Kinder wie die Erwachsenen, kann die Angst vor »Fremdem« abgebaut werden. Diese vielfältigen Formen helfen, Zugangsbarrieren und gegenseitige Vorurteile ein Stück abzubauen.

Aus der Praxis Kulturell/musisch-ästhetischer Bildung[24]
Die nachfolgend beschriebenen Projekte für die elementar- und primarpädagogische Praxis beinhalten jeweils drei Bausteine:
• Die Projektarbeit in Gruppen von jeweils zehn bis zwölf Kindern
• Eine praxisbegleitende Fortbildung für die pädagogischen Fachkräfte
• Die Beteiligung der Eltern.

---

24 In der Dokumentation »Kulturelle Bildung als Sprachförderung« werden zahlreiche Beispiele aus der Praxis kultureller Bildung als Sprachförderung vorgestellt.
Weitere Informationen zu diesen Projekten sind über den Fachbereich Bildung und Qualifizierung der Landeshauptstadt Hannover Marianne.Heyden-Busch@Hannover-Stadt.de zu erhalten

Nach der Vorbesprechung zur Themenfindung und Organisation findet eine Kulturwerkstatt zum praktischen Ausprobieren für die pädagogischen Fachkräfte und nach den Projekttagen und der Werkschau für die Eltern eine Auswertung inklusive einer Beratung für die weitere Fortsetzung im pädagogischen Alltag statt. Ziel ist es, auf dem Vorhandenen aufzubauen und im Kita- bzw. Schul-Alltag anzusetzen, um die bestehende Arbeit zu vertiefen oder um Neues auszuprobieren.

Zwitschermaschine und andere Absonderlichkeiten[25]
Hier wird der Maler Paul Klee zum Anlass genommen, um sich in die Zeichen- und Symbolsprachen von Kunst einzuleben. So abstrakt die Bilderwelt vielleicht erscheinen mag, so gibt sie doch bei intensiverer Betrachtung die Möglichkeit, die Denkwelt des Malers Paul Klee ein wenig nachzuvollziehen und der eigenen Fantasie und Kreativität auf die Sprünge zu helfen.

Als Einstieg werden Zeichen und Symbole, wie sie im Alltag vorkommen, gesammelt. Anschließend entwickeln die Kinder zu bestimmten Begriffen wie Lachen, Sonne, Hier oder Treffpunkt eigene Symbole. Zu den selbst geschriebenen Geschichten »1+2+3, verlier die vier« oder »Der Urch« zu Bildern von Paul Klee werden die Kinder angeregt, selbst Bilder zu malen oder zu seinen Bildern Geschichten zu erfinden. Diese Ergebnisse werden dann den Arbeiten von Paul Klee gegenübergestellt. Ein Besuch im Museum bietet den Zugang zu den originalen Werken des Malers. Ziel ist es, sich mit fremder Kunst als Annäherung an »das Fremde« auseinanderzusetzen – nicht zuletzt, um dabei auch ins Gespräch über Zeichen, Begriffe und Worte zu kommen.

Wir sind Menschen einer Erde[26]
Hier wird mit allen Kindern einer Kindertageseinrichtung mit verschiedenen Themen ein Bogen zwischen der Kunst und den interkulturellen Zusammenhängen geschlagen, um den Kindern mit künstlerischen Mitteln einen Zugang zu sich selbst und zu den Lebensweisen der anderen Kinder zu bieten:

---

25 Ein Projekt der Kulturpädagogin Franziska Schmidt – Bereich Stadtteilkulturarbeit der Landeshauptstadt Hannover.
26 Projekt des Bereichs Stadtteilkulturarbeit der Landeshauptstadt Hannover und der Kindertagesstätte der St. Thomasgemeinde in Zusammenarbeit mit der »Galerie Spielraum« im Rahmen von »Mit kultureller Bildung von der Kita in die Schule«.

1. Selbstporträt malen und Betrachtung von Selbstporträts verschiedener Künstler, wie zum Beispiel Albrecht Dürer, Paula Modersohn-Becker oder Vincent van Gogh
2. Herkunft der Familien der Kinder anhand von Sprache, Schrift und Fahnen thematisieren …
3. Stempel landesspezifischer Tiere und Pflanzen erstellen und drucken
4. Lieblingsspeisen aus der Heimat der Familien vorstellen: duftende Bilder mit Gewürzen als Pigmente oder Abdruck in Gips
5. Textiles gestalten mit Mustern der landestypischen Trachten.

Eine mit den Werken der Kinder gestaltete Mappe und ein internationales Fest zusammen mit den Eltern mit landestypischen Speisen, Trachten und Tänzen bilden den Abschluss der Projekttage.

Lust auf Lesen[27]

Mittels »Tischtheater … Bewegung, Körper, Stimme … Hörtheater … Stoff, Papier, Farben …« ermöglicht dieses Projekt den Kindern, einen persönlichen Weg zu Wörtern, Sprache und Büchern zu finden. Sie können eigene kreative Kräfte und individuelle Gestaltungsideen entfalten, Geschichten erfinden, philosophische Gespräche führen. Manche Bücher laden zu Rollenspielen oder Zaubertricks ein, andere geben Ideen für »eigene Erfindungen« und Experimente. Immer spielen die Bilderbücher eine zentrale Rolle. Hier wird die Literaturvermittlung mit einer besonderen Aktion verbunden. Die Mehrsprachigkeit vieler Kinder wird aufgenommen und die Chance der Vielfalt der Sprachen genutzt, indem Eltern, Mitarbeiterinnen und Mitarbeiter mit anderen Muttersprachen beteiligt werden. »Lust auf Lesen« findet auch als Eltern-Kind-Aktion bei Schnuppermärkten oder Festen sowie als Elternwerkstatt statt.

Viele Kinder, viele Sprachen – Lust auf Lesen

Im zweiten Jahrgang einer Grundschule[28] stand die Erfahrung des Fremdseins in Bezug auf Orientierung, Kontaktaufnahme und Kommunikation eine Woche im Mittelpunkt. Dazu gab es eine umfangreiche Bücherkiste aus der Stadtbibliothek mit einer Auswahl mehrsprachiger Bilderbücher:

---

27 Stadtweites Projekt des Fachbereichs Bildung und Qualifizierung in Zusammenarbeit mit den Stadtbibliotheken in Hannover.
28 Projekt des Bereichs Stadtteilkulturarbeit der Landeshauptstadt Hannover und der Grundschule Wettbergen im Rahmen von »Mit kultureller Bildung von der Kita in die Schule«.

1. Eine kurze Geschichte wird in zehn verschiedene Sprachen von Eltern jeweils übersetzt und den Kindern vorgelesen. Anschließend setzen sich die Kinder mit fremden Sprachen und Schriften auseinander.
2. Die Eltern erzählen den Kindern: »Warum bin ich mit meiner Familie hier in Deutschland?« »Wichtiges aus meiner Heimat« Die Erfahrungen aus diesen Erzählungen werden in weiteren Unterrichtsstunden im Gespräch mit den Kindern nachbereitet.
3. In russischer und deutscher Sprache wird mit den Kindern »Der gestiefelte Kater« in Auszügen gelesen und erzählt sowie das Angesicht des Katers anschließend als kreative Aktion mit Pappe, Papieren und Farben geschaffen.
4. Mit dem türkisch-deutschen Bilderbuch »Sinan und Felix« (Çelik, Aygen-Sibel & Korthues 2007) wird anhand der Geschichte einer Jungenfreundschaft mit anschaulichen zweisprachigen Gedichten in die türkische Sprache eingeführt.
5. Im Rahmen der Länderkunde können die Kinder auf einer Weltkarte die zu den zwölf verschiedenen Muttersprachen gehörigen Länder zuordnen.

Ein gemeinsames Fest mit den Eltern, die dafür ein internationales Buffet zusammenstellen und von den Kindern als Expertinnen und Experten ihrer Arbeiten informiert werden, bildet den Abschluss.

Entwicklung eines Systems in stadtteilbezogenen Strukturen

Entscheidend für den Erfolg, insbesondere für die so oft geforderte Nachhaltigkeit von Bildungsprozessen ist es, dass die Angebote Kultureller / musisch-ästhetischer Bildung ineinandergreifen, kontinuierlich fortgeführt und weiterentwickelt werden. Dafür ist eine interdisziplinäre Zusammenarbeit in einem stadtteilorientierten Netzwerk unerlässlich.

In der Praxis allerdings finden diese Angebote bisher in der Regel nicht systematisch, sondern nur punktuell statt (Wuttig & Heyden-Busch 2012, S. 44 ff.). Ein Umbau ist erforderlich, da bisher die Kulturelle / musisch-ästhetische Komponente der Bildungsprozesse nur als System der freiwilligen Zusammenarbeit zu organisieren ist. Strukturelle Grundlagen für die als Gemeinschaftsaufgabe zu vereinbarende Zusammenarbeit der verschiedenen staatlichen und kommunalen Ebenen fehlen bislang.

Die konzeptionellen Schnittstellen Kultureller / musisch-ästhetischer Bildung sind dabei mit den Herausforderungen und Möglichkeiten einer vom

Land gewollten und in der Bundesrepublik Deutschland diskutierten frühkindlichen Bildung zu koordinieren. Erste wichtige Erfahrungen in der Zusammenarbeit mit dem Niedersächsischen Institut für frühkindliche Bildung und Entwicklung liegen bereits vor und können als tragfähiges Fundament für weitere Entwicklungsprozesse angenommen werden. Die Aufgabe des Umbaus ist leistbar, bedeutet aber, dass alle Akteursebenen sich zu einer bildungspolitischen Gemeinschaftsaufgabe bekennen und Debatten über Zuständigkeiten beendet werden.

Aus der Praxis des Netzwerkmanagements
Im *nifbe*-Transferprojekt »Mit kultureller Bildung von der Kita in die Schule – Netzwerk für Kultur und Bildung« wird derzeit exemplarisch erarbeitet, wie ein solches System Kultureller / musisch-ästhetischer Bildung in stadtteilbezogenen Strukturen im Stadtbezirk Ricklingen in Hannover im Verbund von Stadtteilkulturarbeit, Kindertagesstätten und Schulen aussehen könnte. Dabei werden alle Kindertageseinrichtungen und Grundschulen des Stadtbezirks (23 Einrichtungen) zum Kultur-Raum mit Musik, Kunst, Theater und Literatur.

Zielgruppe sind alle Kinder der Kindertagesstätten und des ersten Jahrgangs der Grundschulen. Damit wird auch ein Beitrag zur Gestaltung der Übergänge in den Bildungsbiografien der Kinder geleistet. Der Einstieg erfolgt mit den Vorschulkindern und die Fortsetzung findet anschließend in der Schule in allen ersten Klassen statt.[29]

Die Einrichtungen der Stadtteilkultur arbeiten verzahnt mit den Kindertageseinrichtungen und Grundschulen zusammen, um alle Kinder zu erreichen und setzen gegebenenfalls die begonnene Arbeit in ihren Häusern fort. Die Transparenz durch Vorstellung der Projektarbeit im gesamten Team und die Beteiligung der Eltern sind wichtige Bestandteile. Parallel wird für die Systematisierung und Verankerung der Kulturellen / musisch-ästhetischen Bildung ein Netzwerk für Kultur und Bildung im Stadtbezirk aufgebaut. Als Knotenpunkte gehören ein Koordinierungskreis und jährliche Netzwerktreffen sowie Kultur- und Elternwerkstätten dazu. Das erforderliche zusammenführende Management übernehmen die Einrichtungen der Stadtteilkultur.

---

[29] Vgl. hierzu das Unterkapitel »Aus der Praxis kulturell/musisch-ästhetischer Bildung« in diesem Beitrag.

Der »Wow-Faktor« als treibende Kraft

Was treibt die Fachkräfte in Kindertageseinrichtung, Schule und Kultur trotz der eher schlechten Rahmenbedingungen dazu, Kulturelle / musisch-ästhetische Bildung im Kita-, Schul- und Familien-Alltag zu implementieren? Vielleicht lässt es sich mit den Empfindungen erklären, die entstehen, wenn Kinder bei künstlerischen Entwicklungsprozessen persönliche Erkenntnisse und Freude spontan ausdrücken, sich ein sogenannter »Wow-Faktor« ergibt. Dieser Faktor wird von Anne Bamford in ihrer weltweiten Analyse der Qualität künstlerischer Bildung so beschrieben: »Die Chance, dass ein Kind vielleicht eine neue Entdeckung macht, zum ersten Mal seine Augen öffnet, visuell, musikalisch, durch Bewegung oder Theater oder vielleicht eine neue, innovative Antwort findet, war der Motor, der viele kunstorientierte Programme angetrieben hat. Der unerwartete ›Wow-Faktor‹ war eine mächtige Kraft, die Lehrerinnen und Lehrer, Künstlerinnen und Künstler und Kinder immer wieder zu künstlerischen Programmen hinzog, trotz der oft schwierigen strukturellen Einschränkungen und der Hindernisse, die mit der Einführung von Kunst mancherorts verbunden sind« (Bamford 2010, S. 30).

Fazit

Bezieht man Kulturelle / musisch-ästhetische Bildung auf Lebens-Räume und auf die Erschließung der Welt für alle Menschen, dann sei an dieser Stelle zum Abschluss auf die Veröffentlichung »Kulturelle Bildung und Lebenskunst« hingewiesen, wo es heißt: »Im Sinne gelingender Lebensführung und eines zufrieden gestalteten Lebens ermöglicht kulturelle Bildung die Lebenskunst jedes einzelnen Menschen und gewährleistet – als gesellschaftliche Perspektive – die Unterstützung eines aktiven und reflexiv handelnden Subjekts, welches sich nicht für sein Glück allein, sondern auch für den anderen, die Gemeinschaft interessiert und befähigt ist, eine zukunftsfähige Gesellschaftsentwicklung mit zu gestalten« (Bockhorst 2001, S. 204).

Literatur

Bamford, A. (2010): Der Wow-Faktor – Eine weltweite Analyse der Qualität künstlerischer Bildung. München: Waxmann.

Bockhorst, H. (2001): Kulturelle Bildung. In: Bundesvereinigung Kulturelle Jugendbildung e.V. (Hrsg.): Kulturelle Bildung und Lebenskunst. Remscheid.

Borg, K. (2011): Ästhetische Bildung. In: *nifbe* Themenheft Nr. 7. Osnabrück.

Çelik, A-S. & Korthues, B. (2007): »Sinan und Felix«. Wien: Annette Betz Verlag.

Deutscher Kulturrat (2008): Schlussbericht der Enquete-Kommission des Deutschen Bundestages »Kultur in Deutschland« Bundeszentrale für politische Aufklärung (2008),(Hrsg.)

Dreier, A. (1994): Was tut der Wind, wenn er nicht weht? Ministerium für Bildung, Jugend und Sport Land Brandenburg (Hrsg.), Brandenburg

Fachbereich Bildung und Qualifizierung der Landeshauptstadt Hannover(Hrsg.)(2010): Dokumentation »Kulturelle Bildung als Sprachförderung«. Hannover.

Herrmann, K. & Thünemann–Albers, M. (2012): Vielfalt als Chance und Ressource. In: *nifbe* (Hrsg.): Vielfalt von Anfang an – Inklusion in Krippe und Kita. Freiburg: Herder.

Hüther, G. (2011): Je bunter, desto besser. In: Lauter kleine Weltentdecker. »Infodienst« – Das Magazin für kulturelle Bildung, Nr. 99 4/2012.

Kolland, D. (2010): Impulse zum Starkwerden«. In: Abgehängt »Infodienst« – Das Magazin für kulturelle Bildung, Nr. 96 7/2010.

Niedersächsisches Kultusministerium (2005): Orientierungsplan für Bildung und Erziehung im Elementarbereich niedersächsischer Tageseinrichtungen für Kinder. Hannover.

Reinwand, V.-I. (2010): Der Anfang ist die Hälfte des Ganzen. Bundesvereinigung Kulturelle Kinder- und Jugendbildung – BKJ e.V. (Hrsg.) In »Kulturelle Bildung«– Reflexionen, Argumente, Impulse – Kulturelle Bildung von Anfang an Heft Nr. 6 /2010

Schröder L. & Keller, H. (2011): Alltagsbasierte Sprachbildung. In: *nifbe* Themenheft Nr. 6. Osnabrück.

Wuttig, D. & Heyden-Busch, M. (2012): Kultur macht Schule in Niedersachsen, Bundesvereinigung Kulturelle Kinder- und Jugendbildung – BKJ - e.V., Hrsg.

Wie Ganesh auf den Teppich kam …
Ethische und religiöse Fragen – Grunderfahrungen menschlicher Existenz

Helga Barbara Gundlach

Ausgangslage, Herausforderungen und Probleme

Von existentiellen Fragen zur religiösen Pluralität
Religiöse oder philosophische Fragestellungen beschäftigen die Menschheit von jeher. Auch Kinder stellen existenzielle Fragen nach dem Ursprung und dem Sinn des Lebens. Sie unterscheiden dabei (noch) nicht, ob es sich um Religion oder Philosophie handelt.[30] In diesem Beitrag soll der Schwerpunkt allerdings auf (institutionalisierten) Religionen liegen, da der Umgang damit in Kindertageseinrichtungen oft als besondere Herausforderung gilt.

Kinder suchen Antworten in sich selbst und in ihrer Umgebung. Die Antworten können dabei naturgemäß sehr unterschiedlich ausfallen – sie sind geprägt vom kulturellen Umfeld, von der religiösen Praxis der Familien, von jeweils eigenen Erfahrungen. Das Thema ist unabhängig davon da – ob eine Kita nun in einer religiös-institutionellen Trägerschaft ist oder nicht, ob die Kinder bzw. ihre Eltern einer religiösen Gemeinschaft angehören oder nicht … Das ist nicht neu.

> *»Es gibt so viele Religionen wie Individuen.«*
> *(Mahatma Ghandi)*

Früher waren es jedoch eher Fragen der unterschiedlichen Konfessionen (katholisch, evangelisch etc.) innerhalb einer Religionsgemeinschaft oder eben der Nichtzugehörigkeit, die die Kinder, Eltern und pädagogischen Fachkräfte

---

30 Selbst in der Religionswissenschaft gibt es keinen Konsens, wie genau Religion zu definieren sei. Der Begriff und dahinter stehende Konzepte lassen sich auch nicht eins zu eins in andere Sprachen, Kulturen und »Religionen« übersetzen. Das Feld der Religionsphilosophie unterstreicht die Schnittmengen beider Gebiete. Da Religion und Philosophie auch als ein Teilaspekt von Kultur verstanden werden können und somit interreligiöses Lernen oder interreligiöse Kompetenz ein Teilaspekt interkulturellen Lernens und interkultureller Kompetenz ist, werden im Folgenden der Kulturbegriff, interkulturelles Lernen oder interkulturelle Kompetenz nicht extra erwähnt. Die kulturelle Vielfalt und Notwendigkeit der interkulturellen Kompetenz wird in diesem Band hinreichend beschrieben.

beschäftigten. Heute steht die Pluralität der Religionsgemeinschaften und Weltanschauungen, denen die Kinder, Eltern und Kita-Fachkräfte angehören bzw. im Alltag begegnen, immer stärker im Fokus. Innerhalb von insbesondere größeren Religionsgemeinschaften gibt es zusätzlich noch einmal sich deutlich unterscheidende Strömungen, die nicht nur theologische sondern auch kulturell geprägte Ursachen haben, zum Beispiel griechisch-, russisch-serbisch orthodox oder verschiedene afrikanische oder auch tamilische Christen. Oder unterschiedliche islamische Strömungen wie Sunniten, Schiiten, Ahmadiyya, Aleviten.

Es muss darauf hingewiesen werden, dass die Rolle der Religion für Migrantinnen und Migranten unterschiedlich ausfällt. Für manche ist sie in stärkerer Form als im Herkunftsland ein Mittel, die eigene Identität zu wahren bzw. sich mit nachfolgenden Generationen zu identifizieren (siehe hierzu auch den Beitrag von Haci-Halil Uslucan in diesem Band). Für andere rückt die Frage der Religion ziemlich in den Hintergrund. Wieder andere orientieren sich neu. Pauschale Urteile verbieten sich daher.

Vermeidungsstrategien in der Kita
In manchen Kindertageseinrichtungen ist seit längerem ein großes Engagement zum Thema Religion zu erleben. Andere sind dieser Frage gegenüber eher verhalten bis ablehnend. Als strukturell-institutionelle Argumente werden oft genannt:
• Wir sind eine staatliche bzw. kommunale Einrichtung. Religion ist kein Thema für uns. Das soll in den Familien stattfinden.
• Wir haben gar keine Kinder anderer religiöser Gemeinschaften (insbesondere im eher ländlichen Raum oder in kleineren Elterninitiativen sowie Privatkindergärten).
• Wir haben schon so viel zu tun. Dazu kommen wir gar nicht.

Eher persönlicher Natur sind folgende Gründe:
• Viele Erzieherinnen und Erzieher haben relativ geringe Kenntnisse in Fragen der Religion und Philosophie. Insbesondere ältere pädagogische Fachkräfte haben in ihrer Schulzeit bzw. Ausbildung wenig über außerchristliche Religionen, interreligiösen Dialog oder Philosophieren gelernt.
• Die vermeintlich »eigene« Religion – persönlich oder zumindest als die in der Gesellschaft dominante und damit zugeschriebene, nämlich das Chris-

tentum – ist vielen, insbesondere jüngeren Erzieherinnen und Erziehern nicht selbstverständlich vertraut.

Beide Aspekte können dazu führen, dass diese Fragen gemieden werden. Um Kinder auf ein Leben in einer pluralistischen Gesellschaft vorzubereiten, sollte das Thema der Religion bzw. Philosophie jedoch in *allen* Einrichtungen behandelt werden!

> *»Offenheit für und die Achtung vor anderen Kulturen und religiösen Bekenntnissen können hier [in Tageseinrichtungen] von klein auf eingeübt werden.«*
> *(Niedersächsischer Orientierungsplan für Bildung und Erziehung)*

Denn Kinder fragen. Und die Kita nimmt zeitlich einen großen Bereich ihres Tages ein. Zu allem nehmen die Erzieherinnen und Erzieher Stellung. Warum sollten dann Kinder ausgerechnet existenzielle Fragen dort nicht stellen dürfen? Zum Beispiel, ob und wie ihr verstorbenes Meerschweinchen jetzt in den Himmel kommt. Oder warum Gott die Trennung der Eltern zugelassen hat.

Pädagogische Fachkräfte müssen nicht auf alles eine Antwort haben und können auch sehr gut mit den Kindern gemeinsam auf Antwortsuche gehen. Wichtig ist ihre Offenheit und dass sie die Fragen und Gedanken der Kinder wertschätzen. Und philosophieren kann Mann / Frau / Kind auch sehr gut, ohne Sokrates oder Kant gelesen und verstanden zu haben.

Gebot der Wertschätzung
Es gibt einige Grundregeln, die im Umgang mit Religionen und Weltanschauungen von allen Beteiligten (Erzieherinnen und Erziehern, weiterer Kita-Mitarbeitern, Eltern, gegebenenfalls Vertretern von Religionsgemeinschaften – und auch den Kindern selbst!) befolgt werden sollten:
• Nichts sollte bewertet werden. Keine Religion ist besser oder schlechter als die andere. Begriffe wie Sekte oder Aberglaube, die aus einer Religion heraus entstanden sind, um über andere Vorstellungen zu urteilen, sollten vermieden werden. Wer will in einem interreligiösen Dialog entscheiden, was richtig oder falsch ist? Vorurteile sollten angesprochen werden.
• Gleichwohl – denn viele Kinder haben einen ausgeprägten Gerechtigkeitssinn – sollte auch hier darauf verwiesen werden, dass Menschen im Namen

einer Religion Dinge getan haben oder tun, die nicht mit derselben vereinbar sind, letztlich andere Ursachen haben und auch in der kleinen Gesellschaftsform Kita nicht akzeptiert würden.

> *Knut: Was heißt eigentlich Religion? Ich kenne das Wort nicht.*
> *Henrik: Also, wir sind ja Christen und glauben an Jesus. Und andere, zum Beispiel die Juden … die glauben eben an was anderes.*
> *Knut: Glauben die nicht an Gott?*
> *Henrik: Ja, aber der heißt da anders. Es gibt zum Beispiel auch Ganesh und so. So glaubt eben jeder an was anderes. Also, ich glaube ja nicht an Gott.*
> *Knut: Ich schon. Wieso glaubst du nicht an Gott?*
> *Henrik: Na, weil es vielen so schlecht geht … Ich glaube zum Beispiel an Aliens.*
> *Knut: Ich nicht.*
> *(Knut und Henrik, Hortkinder, 6 und 7 Jahre)*

• Nichts sollte erzwungen werden. Weder sollten Kinder zur Teilnahme an religiösen Gesprächsrunden oder Ritualen gezwungen, noch Kinder oder ihre Eltern missioniert werden.

> *»Es gibt keinen Zwang im Glauben«*
> *(Koran, Sure 2:256)*

• Nichts sollte verändert werden, in dem Sinne, dass eine Einheitsreligion auf kleinstem Nenner angestrebt wird oder eine Patchwork-Religion aus verschiedenen Elementen kreiert wird (Synkretismus). Frieden entsteht nicht durch Gleichmacherei oder oberflächlichen Konsens, sondern durch gegenseitige Akzeptanz des Anderen.

Zentrale Themen in der Praxis

Bausteine interreligiösen Lernens
An den religiösen Erfahrungsbezügen der Kinder sollte angeknüpft werden (im Folgenden vgl. auch Fleck & Leimgruber 2011). Naturgemäß ist dieser Erfahrungsbezug größer, wenn die Kinder in ihren Familien eine intensive religiöse Prägung erfahren oder häufig philosophiert wird. Werden diese

Erfahrungen in der Kita nicht aufgegriffen, so erleben die Kinder unter Umständen schon früh ihre Religion als einen Teil ihrer Identität, der nicht gewollt und negativ besetzt ist, insbesondere wenn andere Religionen oder Weltanschauungen sehr wohl ihren Raum haben. Diese Kinder lernen dann auch nicht, ihre Religion anderen gegenüber unbefangen darzustellen. Integrationsförderlich ist dies nicht.

Bei anderen Kindern mag der religiöse Erfahrungsbezug geringer sein; aber Kinder, die in einem gänzlich religionsfreien Umfeld aufwachsen, gibt es nicht. Unser Staat ist traditionell christlich geprägt. Zudem erfahren auch »deutsche nicht-religiös geprägte« Kinder heute mehr denn je religiöse Pluralität, ob durch multireligiös geprägte Stadtteile, Fernsehprogramme oder Reisen. Und: Die grundlegenden existenziellen Fragen stellen auch sie.

Diese heterogenen Erfahrungsbezüge fordern Erzieherinnen und Erzieher heraus. Denn hier geht es nicht (allein) um unterschiedliche Entwicklungsstufen und Kenntnisstände. Trauer, Tod, Tabuthemen, Traumatisierungen (eigene und von den Eltern übernommene), Erfahrungen der Ausgrenzung und der Hilflosigkeit neben Freude, Geborgenheit und Dankbarkeit – all das können individuelle (verdeckte) Themen sein.

Wichtig ist hier nicht unendliches Fachwissen, sondern die Fähigkeit, die Beiträge der Kinder wertschätzend aufzugreifen, einzuordnen und aufeinander zu beziehen, Gemeinsamkeiten und Unterschiede zu finden, empathisch zu sein, Fragen anzuregen, gegebenenfalls Input zu geben sowie bei Bedarf selbst Position zu beziehen (und somit eine Position zu haben), sich abzugrenzen oder Vorurteile zu besprechen.

Interreligiöse Kompetenz bedeutet weder für pädagogische Fachkräfte noch Kinder, alles über *Andere* zu wissen, sondern sich mit dem *Eigenen* auseinandergesetzt zu haben und das *Fremde* zu akzeptieren und sich damit in Bezug zu setzen.

Interreligiöses Lernen findet wie andere Lernprozesse auch und vor allem im Alltag statt. Ob ein Kind aus religiösen Gründen keine Tiere isst, ein Kind im Stuhlkreis von der Bar Mizwa des Bruders berichtet oder mit einigen Eltern das anschließend gemeinsame zu feiernde Opferfest vorbereitet wird … So gesehen wären Kitas im Vorteil, in denen tatsächlich verschiedene Religionen gelebt werden. Doch auch hier muss das Erlebte angesprochen und begleitet werden. Direktes und indirektes religiöses Lernen sollten sich verknüpfen. Passiert dies nicht, werden Dinge vor dem eigenen Hintergrund oft fehlinterpretiert und fehlbewertet. Ängste und Ablehnung können sich so sogar verstärken.

Interreligiöses Lernen ist niemals abgeschlossen, sondern erfolgt ein Leben lang. Je früher der Keim der Neugier, Offenheit und der Akzeptanz des Andersdenkenden gesät ist, umso größer ist die Chance für die Weiterbeschäftigung mit dem Thema und ein späteres faires Miteinander.

»Man verdirbt einen Jüngling am sichersten, wenn man ihn verleitet,
den Gleichdenkenden höher zu achten als den Andersdenkenden.«
(Friedrich Wilhelm Nietzsche)

Vorgegebene Schwerpunkte und zu erlangende Kompetenzen
Die einzelnen Bundesländer setzen verschiedene Schwerpunkte bezüglich des interreligiösen Lernens. In Niedersachsen liegt ein Fokus auf Ritualen, Traditionen und Festen. Andere Bildungspläne stellen das Hören von Geschichten, Darstellen von religiösen Inhalten oder das (gemeinsame) Gebet zu zentralen Fragen in den Mittelpunkt. Ziel ist es letztlich, die interreligiöse Kompetenz der Kinder auf breiter Ebene anzulegen, sodass spätere Bildungseinrichtungen anknüpfen können und auch eine Grundlage für eine individuelle Weiterentwicklung gegeben ist.

Der (interreligiöse) Kompetenzbegriff lässt sich hier unterteilen in Fragen der
• Fachkompetenz: Wissen über Religionen anhand von Ereignissen aus der Vergangenheit und Gegenwart, Kennenlernen von Texten, Bildern, Symbolen, Speisen, Orten etc. Feststellen von Gemeinsamkeiten und Unterschieden
• Persönlichen Kompetenz: Frage- und Ausdrucksfähigkeit zum Thema und zur eigenen Einstellung, ästhetisch-musische Fähigkeiten, Selbstreflexion
• Sozialen Kompetenz: Kommunikationsfähigkeit, toleranter Umgang miteinander, Konfliktfähigkeit
• Handlungskompetenz: gemeinsame Projekte entwickeln und durchführen, Feste (mit)feiern.

Beispiele aus der Umsetzung

Unbewusste Elemente in der Kita
Wie eingangs betont, bedarf es nicht eines Adventskranzes im Foyer, einer Moschee-Exkursion oder einer Philosophie-AG, um das Thema in eine Kita zu bringen. Es ist längst da: Welche Formen, Farben und Materialien finden sich am und im Gebäude? Wie ist die Umgebung beschaffen? Gibt es Bilder und Symbole? Ornamente? Klänge? Gibt es Raum und Zeit zum Rückzug, zur Stille? Gibt es Kerzen oder Räucherstäbchen? Wie werden diese angezündet und wo platziert? Was wird gegessen? Wie wird gegessen? An einer Tafel? Alle zusammen? Individuell? Wie werden Kinder angesprochen? Wie gestalten Erzieherinnen und Erzieher ihre Beziehungen zu den Kindern? Auf welche Art werden Inhalte vermittelt und Geschichten erzählt? Im Dialog? In der Unterweisung?

All dies zeugt von kulturellen und religiösen Elementen, enthält Inhalte und Anlehnungen an spirituelle Praxis und philosophische Ideen. Sofern dies der eigenen Prägung entspricht, wird es allerdings nicht oder kaum wahrgenommen. Hier bietet es sich an, mit den Kindern gemeinsam auf Entdeckungsreise zu gehen. Was erinnert sie an zu Hause? Was kennen sie aus Orten ihrer religiösen Gemeinschaft? Was kennen sie nicht?

Symbole und Gegenstände
Neben der Lektüre von originalen Heiligen Schriften[31] oder Büchern, Fotos oder Filmen über Religionen bietet sich der Einsatz religiöser Symbole und Gegenstände zum »Begreifen« an. Kinder, Eltern und Vertreter von Religionsgemeinschaften können gebeten werden, Gegenstände mitzubringen und darüber zu erzählen. Im Laufe der Zeit entwickelt sich vielleicht auch eine Kita-eigene Sammlung aus Kreuz, Kippa, Gebetsteppich, Budha, Shiva etc.

> »Der Elefantengott [hind. Ganesh] soll auf dem Betteppich
> [isl. Gebetsteppich] sitzen. Da hat er es schön gemütlich.«
> (Leonie, 4 Jahre)

31　Neben den bekannten Kinderbibeln gibt es inzwischen auch einen deutschsprachigen »Kinderkoran«: Der Koran für Kinder und Erwachsene. Übersetzt und erläutert von Lamya Kaddor und Rabea Müller, München 2008, C.H. Beck.

Körperliches Erleben

Kinder lernen mit allen Sinnen und wollen sich bewegen. Wie bewegt sich aber Religion? Eine Möglichkeit ist, verschiedene Gebets- bzw. Meditationshaltungen zu erkunden; Kinder und Eltern können einbezogen werden:

• Stehen die Menschen und bewegen sich mit dem Oberkörper rhythmisch vor und zurück (Judentum)?
• Stehen sie bei bestimmten Gebeten auf (Vater Unser – evangelische Kirche), knien sich aber für andere auf die vor ihnen angebrachte Fußbank (persönliches Gebet vor einer Marienfigur – katholische Kirche)?
• Stehen sie abwechselnd, knien sich hin, beugen sich nach vorne (Islam)?
• Halten sie die Hände neben den Kopf mit nach vorne zeigenden oder auf Bauchhöhe mit nach oben geöffneten Händen (Islam)?
• Falten sie die Hände vor dem Bauch, die Finger verschränkt (Christentum) oder legen sie die Finger gestreckt aneinander (Hinduismus, Buddhismus)?
• Sitzen sie im Lotus- oder Schneidersitz (Hinduismus, Buddhismus)?
• Gibt es bestimmte Handhaltungen (Buddhismus)?
• Drehen sie sich im Kreis (tanzende Derwische)?
• Werden mit Gesten bestimmte Inhalte ausgedrückt (indischer Tanz)?

Philosophische Fragen

Philosophische Fragen bieten sich zu allerlei Themen an: Glück, Liebe, Schöpfung, Gut und Böse, Krankheit, Tod, Trauer etc. Verschiedene offene Fragetypen können in verschiedene Richtungen lenken, verschiedene Funktionen erfüllen und zur Weiterarbeit anregen.

Hier einige Beispiele (vgl. Zeitler 2010, S. 88f.) zur Frage nach »Gott«:

• »Gibt es Gott?« »Oder eine Göttin?« »Wie stellt ihr euch Gott vor?« (Eigene Meinung äußern. Achtung: Bilderverbot im Islam)
• »Was hat Gott gemacht, bevor er die Welt erschaffen hat?« (Kreatives Denken)
• »Was haben alle Götter gemeinsam?« (Kriterien sammeln)
• »Was unterscheidet einen Gott von einem Menschen?« (Unterschiede benennen)
• »Gab es schon eine Situation, bei der Gott bei dir war?« (Bezug zur Lebenswelt herstellen)
• »Wie kann man mit Gott in Kontakt kommen?« »Wo kann man Gott treffen?« (Erfahrungen erfragen)

Auch beim Philosophieren sollten einige Grundregeln beachtet werden:
- Flexibel auch die Ideen der Kinder aufgreifen und zu weiteren Fragen formulieren.
- Geduldig sein – manche Kinder schweifen ab, bevor sie auf das »Eigentliche« kommen.
- Es gibt keine richtigen oder falschen Antworten.
- »Erfolge« sind nicht unmittelbar greifbar (wichtig für die Zusammenarbeit mit Eltern und die eigene Zufriedenheit).
- Ein fester Termin mit einer kleinen altersgemischten Gruppe bietet sich an.
- Beginn und Ende mit immer gleichen Ritualen sind sinnvoll.
- Ein Gespräch kann auch eher enden oder einmal weniger zufriedenstellend verlaufen, wenn die Kinder andere Bedürfnisse haben.
- Wichtig: Vorher klären, ob bzw. was den Raum verlassen darf (z. B. Dokumentation für die Eltern: konkrete Äußerungen der Kinder oder nur welche Themen besprochen wurden?).

Feste

Eine gute Möglichkeit, sich Religionen zu nähern bzw. sie aus den Familien in den Kita-Alltag zu bringen, sind religiöse Feste. Feste feiern ist beliebt, niedrigschwellig und bietet etwas für alle Sinne (Speisen, Geschichten, Lieder, Tänze, Bilder …). Eltern können und sollten einbezogen werden. Damit werden sie ebenso wie ihre Kinder nicht als defizitär wahrgenommen (z. B. bezüglich der Sprache), sondern als Expertinnen und Experten auf ihrem Gebiet, was insgesamt für die Entwicklung der Kinder und die Zusammenarbeit mit den Eltern förderlich ist.

Die Vielfalt an religiösen Festen ist groß. Als erste Information bieten sich ein Interreligiöser Kalender sowie entsprechende Überblickswerke an. Diese Beschreibungen geben den pädagogischen Fachkräften wertvolle Hintergrundinformationen. Doch um die Feste wirklich an der Lebenswelt der Kinder anzulehnen, sollte so gefeiert werden, wie sie bzw. ihre Eltern es kennen oder es sich in der Kita vorstellen können. Dabei ist zu berücksichtigen, dass unter Umständen bestimmte Rituale nur von Angehörigen der Religionsgemeinschaft gefeiert werden oder nur in einem bestimmten Raum stattfinden dürfen. Ferner ist zu bedenken, dass nicht jeder Angehörige einer Religionsgemeinschaft in der Lage ist, ein Fest in seinem ganzen Umfang auszurichten. Grundlegend ergeben sich drei Modelle:

- Das liturgische Modell der Gastfreundschaft: Vertreterinnen und Vertreter einer Religion gestalten, die anderen sehen / hören zu, werden in Gebete, Fürbitten o. ä. einbezogen.
- Multireligiöse Feiern: Vertreterinnen und Vertreter mehrerer Religionen gestalten. Beiträge und Gebete erfolgen nacheinander, die anderen sehen / hören zu.
- Interreligiöse Feiern: Vertreterinnen und Vertreter mehrerer Religionen gestalten miteinander und übergreifend, zum Beispiel durch Lesen des jeweils anderen Textes.

Alle diese Modelle haben ihre Vor- und Nachteile. Wie werden nicht- oder andersgläubige Kinder (und Eltern) integriert? Welche Feste sollen gefeiert werden, wenn es keine Mehrheitsverhältnisse gibt und ein gemeinsames Gestalten abgelehnt wird? Wie können Feste gefeiert werden, wenn der Träger es nicht vorsieht, die Eltern es aber wünschen? Hier gibt es keine Patentlösungen.

»Ich war so stolz, als mir alle beim Gebet zugehört haben.«
(Omar, muslimischer Vater)

Exkursionen zu religiösen Orten
Das »echte« Erleben mit allen Sinnen ist unersetzbar und wird oft ein Leben lang erinnert. Gerade zugewanderte Religionsgemeinschaften sind in der Regel ausgesprochen gastfreundlich. Eine Moscheegemeinde findet sich heute so ziemlich in jedem Kleinstädtchen, auch wenn es sich oft um umfunktionierte Räume in Gewerbegebieten handelt. Größere Städte bieten Synagogen, Pagoden, Tempel etc.

Manchen Kindern muss jedoch die Angst genommen werden, zum Beispiel wenn sie aus ihrer Familie Berührungsängste übernommen haben. Andere müssen zu angemessenen Verhalten angeleitet werden, insbesondere wenn sie noch keinen religiösen Ort besucht haben. Kurzum: Eine Vor- und Nachbearbeitung muss erfolgen. Vor Ort können Gespräche mit Vertreterinnen und Vertretern der Gemeinde, eigenständige Aufgaben zur Erkundung des Raumes aber auch das einfach Wirkenlassen auf dem Plan stehen.

»Ich fühlte mich wie eine Prinzessin.«
(Samira, 5 Jahre, nach dem Besuch einer buddhistischen Pagode)

Widerstände und Bedenken

Bedenken der Eltern müssen ernst genommen und ihnen wertschätzend begegnet werden, denn Fragen existenzieller Natur können nicht einfach mit rationalen Erklärungen weggewischt werden. Religion kann aber auch vorgeschoben werden, und oft ist es nicht leicht, dahinter die »eigentlichen« Gründe auszumachen. Dies können Ängste sein, die mit der Teilnahme an einem religiösen Ritual nichts zu tun haben. Viele zugewanderte Menschen haben erlebt, dass religiöse Gründe hierzulande akzeptiert werden oder der Satz »Das verbietet mir unsere Religion« aus Unwissenheit oder Angst, selbst als religionsfeindlich dazustehen, nicht weiter hinterfragt wird. Hier sollte Mann / Frau sich gemeinsam auf die Suche nach Antworten begeben.

Einer Abwehr aus Desinteresse oder dem Hinweis, Religion sei Privatsache, kann mit dem Argument begegnet werden, dass die religiöse Bildung zur Entwicklung eines Kindes beiträgt und dem Kind nicht vorenthalten werden sollte. Allein das Wissen um verschiedene Weltanschauungen wird Kindern später in der Gesellschaft von Vorteil sein.

Bei einer Abwehr aus Angst vor Verlust der eigenen Religion, insbesondere bei zugewanderten Minderheiten, müssen Manipulationsängste genommen werden. Ein starkes Argument ist, dass die religiöse / philosophische Bildung dem Kind hilft, sich in der deutschen Gesellschaft zurecht zu finden. Möglich wäre auch ein Hinweis auf das religiöse Profil der Kita. Ist die eigene Enttäuschung der Eltern Grund für ihre Ablehnung, sollte ihnen Gelegenheit gegeben werden, dies offen zu thematisieren. Mögliche Argumente wie eben. Zuweilen versuchen auch Eltern ihre eigenen religiösen Vorstellungen durchzusetzen. Hier sollte ebenfalls auf das Profil der Kita hingewiesen werden. Eventuell ist den Anliegen der Eltern in gewissem Grad Raum zu geben. Womöglich stecken hinter einer massiven Einflussnahme auch andere Gründe, wie zum Beispiel Verlustängste in Bezug auf die eigene Identität.

Literatur

Für Kinder:

Brennifier, O. (2010): Leben was ist das? Aus der Reihe Philosophieren mit neugierigen Kindern. Köln: boje.

Damon, E. (2002): Gott, Allah, Buddha. Und woran glaubst du? Stuttgart: Gabriel.

Erlbruch, W. (2004): Die große Frage. Wuppertal: Peter Hammer.

Reihe »Wieso? Weshalb? Warum?« (2003): Unsere Religionen. Ravensburg: Ravensburger.

Rosenstock, R. (2009): Frag doch mal … die Maus. Fragen zu Gott, der Welt und den großen Religionen. München: cbj.

Für die Arbeit mit Kindern in der Kita:

Edelbrock, A., Schweitzer, F. & Biesinger, A. (2010): Wie viele Götter sind im Himmel? Religiöse Differenzierungswahrnehmung im Kindesalter, Interkulturelle und Interreligiöse Bildung im Kindesalter. Band 1. Münster: Waxmann.

Fleck, C. & Leimgruber, S. (2011): Interreligiöses Lernen in der Kita. Grundwissen und Arbeitshilfen für Erzieher/innen. Köln: Bildungsverlag EINS.

Haus kirchlicher Dienste der Ev. luth. Landeskirche Hannovers (2006): Wenn Christine und Mohammed nach Gott fragen. Muslimische Kinder im evangelischen Kindergarten. Hannover.

Huber-Rudolf, B. (2002): Muslimische Kinder im Kindergarten. Eine Praxishilfe für alltägliche Begegnungen. München: Kösel.

Hugoth, M. (2012): Handbuch religiöse Bildung in Kita und Kindergarten. Freiburg: Herder.

Hugoth, M. & Fritz, A. (Hrsg.) (2009): Ethik, Religion & Philosophie. Berlin: Cornelsen.

Schlösser, E. (2012): Interreligiöse Erziehung. Schritte zur konzeptionellen Verankerung. In: kindergarten heute 4/2012, S. 8–13.

Stiftung Ravensburger (2008): Mein Gott – dein Gott. Interkulturelle und Interreligiöse Bildung in Kindertagesstätten. Weinheim: Beltz.

Zeitler, K: (2010): Siehst du die Welt auch so wie ich? Philosophieren in der Kita. Freiburg: Herder.

Weiterführende Hintergrundinformationen:

Baumann, Ch.P. (2005): Der Knigge der Weltreligionen. Feste, Brauchtum und richtiges Verhalten auf einen Blick. Stuttgart: Kreuz.

Beauftragter des Senats von Berlin für Integration und Migration: Interkultureller Kalender; jährlich neu. http://www.berlin.de/lb/intmig/publikationen/kalender/index.html.

Brüll, Ch., Ittmann, N., Maschwitz, R. & Stoppig, Ch. (2005): Synagoge – Kirche – Moschee. Kulträume erfahren und Religionen entdecken. München: Kösel.

Hinrichs, U., Romdhane, N. & Tiedemann, M. (2012): Unsere Tochter nimmt nicht am Schwimmunterricht teil! 50 religiös-kulturelle Konfliktfälle in der Schule und wie man ihnen begegnet. Mühlheim: Verlag an der Ruhr.

Keene, M. (2006): Was Weltreligionen zu Alltagsthemen sagen. Aktuelle Probleme aus der Sicht von Christen, Juden und Muslimen. Mühlheim: Verlag an der Ruhr.

Rink, S. & Baumann, M. (1997): Religionen feiern. Feste und Feiertage religiöser Gemeinschaften in Deutschland. Marburg: diagonal.

Sieg, U. (2003): Feste der Religionen. Werkbuch für Schulen und Gemeinden. Düsseldorf: Patmos.

Wagemann, G. (2002): Feste der Religionen. Begegnung der Kulturen. München: Kösel.

Zusammenarbeit mit Eltern

Gerda Wesseln-Borgelt

»Ich möchte, dass meine Kinder hier zuhause sind,
so wie alle Kinder, die hier geboren wurden und aufwachsen.«
(Äußerung einer Migrantin)

»Interkulturelle Arbeit ist hauptsächlich Elternarbeit.«
(Äußerung einer Erzieherin während einer Fortbildung)

MENSCHEN FÜHLEN SICH AN DEN ORTEN WOHL und *zuhause*, an denen sie sich wertgeschätzt fühlen. Das gilt für Kinder ebenso wie für deren Eltern. Und so ist auch in der Kita eine auf Akzeptanz und Wertschätzung gegründete, tragfähige Beziehung zwischen Eltern und pädagogischen Fachkräften die Grundlage für eine erfolgreiche Zusammenarbeit zum Wohle des Kindes. Das klingt zunächst einfach – aber in der Umsetzung benötigt dies viel Kompetenz aufseiten der Erzieherinnen und Erzieher!

Die Situation von Familien

»Eltern werden ist nicht schwer – Eltern sein dagegen sehr!« Dieser Spruch ist jedem bekannt und bekommt sicherlich sofort Zustimmung – auch angesichts der durch den gesellschaftlichen Wandel entstandenen unterschiedlichsten Familien- und Elternformen. Welche Qualität die Elternschaft nun jeweils erreicht, ist von vielen Bedingungen abhängig: einerseits von den individuellen Fähigkeiten und Möglichkeiten der Eltern, andererseits aber auch von den vorhandenen materiellen und immateriellen Ressourcen im Umfeld.

Die Erziehung der Kinder ist ein Prozess mit hohem Wagnischarakter. Er ist nur bedingt planbar und lässt eine klare Vorgabe nicht zu, da jedes Kind unterschiedlich und Akteur seiner eigenen komplexen Entwicklung ist. Erziehung ist nicht methodisierbar und bedarf einer stetigen Reflexion des Handelns und seiner Konsequenzen. Professionelle Erzieherinnen und Erzieher unterstützen sich in Teams, reflektieren ihre Rolle in Supervisionen und bilden sich fort. Eltern tun das auch – aber nicht in der gleichen Intensität.

Deshalb ist es wichtig, Räume für Eltern zu schaffen, die es ihnen ermöglichen sich auszutauschen, Informationen zu erhalten und gemeinsam nach Lösungen zu suchen. Mütter und Väter brauchen Anerkennung für das, was sie tun, um gestärkt den Erziehungsalltag zu bewältigen. Sie brauchen eine Orientierung, um die zum Teil widersprüchlichen Informationen und Wahrnehmungen für sich zu ordnen.

Sich selbst zu verstehen ist ein schwieriger lebenslanger Weg – Kinder zu verstehen, zu begleiten und anzuleiten eine große Aufgabe. Unwissenheit ist das schwierigste Hindernis dabei (vgl. Omer & von Schlippe 2004, S. 9ff.). Deshalb bedeutet Elternwerden und Elternsein gleichzeitig auch Verunsicherung (vgl. Rotthaus 2004, S. 107ff.). Es ist ein Experiment mit unsicherem Ausgang.

Grundsätzlich haben aber alle Eltern unabhängig von Ethnie oder kulturellem Hintergrund den Wunsch, dass ihre Kinder ihr Leben kompetent meistern. Ihre Ansichten sind unter anderem beeinflusst durch die Kultur und die Religion, der sie angehören. So können große Differenzen zwischen den Erziehungszielen und -stilen auftreten – auf der einen Seite kann so eher Gehorsamkeit und familiärer Zusammenhalt, auf der anderen Seite eher Durchsetzungsvermögen, Autonomie und Selbstbewusstsein im Vordergrund stehen.[32]

Der rechtliche Rahmen

Junge Menschen haben laut § 1 SGB VIII (Kinder- und Jugendhilferecht) das Recht auf eine Förderung zu eigenverantwortlichen und gemeinschaftsfähigen Persönlichkeiten. Es ist laut Grundgesetz das Recht der Eltern und auch ihre Pflicht, die Pflege und Erziehung der Kinder wahrzunehmen. Eltern und das soziale Umfeld haben den größten Einfluss auf die Kinder. Erst danach folgen die pädagogischen Fachkräfte aus den Institutionen. Die staatliche Gemeinschaft ist verpflichtet, den Eltern Unterstützung zu gewähren, damit dieses Recht der jungen Menschen umgesetzt werden kann – angefangen bei den möglichst nahe gelegenen Betreuungs- und Bildungseinrichtungen über lokale Bündnisse auf kommunaler Ebene, Zusammenschlüsse von verschiedenen Institutionen bis hin zu Aktionen auf Landes- und Bundesebene.

---

32 Vgl. hierzu auch die Beiträge von Heidi Keller, Haci-Halil Uslucan sowie Manuela Westphal und Irina Grünheid in diesem Band.

Es ist das Recht der Eltern und die ihnen zuvörderst obliegende Pflicht, ihre Kinder zu erziehen (Art. 6 Grundgesetz). Die staatliche Gemeinschaft wacht über diese Pflicht und stellt bei Gefährdung des (körperlichen, geistigen und seelischen) Kindeswohles Hilfen zur Verfügung oder entzieht den Eltern das Recht auf das Zusammenleben mit dem Kind. Dieser gesellschaftliche Auftrag steht mit den Möglichkeiten und Interessen der Eltern und der Kinder nicht selten in einem Spannungsverhältnis, das ständig neu ausgehandelt werden muss.

Eltern sollten eine Unterstützung erhalten können, die nicht erst mit Schwierigkeiten begründet werden muss. Alle Eltern haben Probleme und Fragen oder sind zeitweise überfordert. Einen Raum zu haben, ohne Bewertung und mit viel Anerkennung und Wertschätzung, ist im Alltag wichtig. Ein solcher Ort der Begleitung und Unterstützung für Familien kann insbesondere die Kita sein.

Auch die Zusammenarbeit zwischen Eltern und Kindertageseinrichtungen ist gesetzlich geregelt in §22 Abs. 3 SGB VIII und differenzierter in den Orientierungsplänen der Bundesländer.

Was bedeutet Elternarbeit?
In der Fachliteratur gibt es unterschiedliche Definitionen zur Elternarbeit, die im Wesentlichen von folgenden Kernaussagen ausgehen:

»Elternarbeit beinhaltet die Verbesserung des elterlichen Erziehungsverhaltens und eine Abstimmung der Erziehung zwischen Einrichtung und Familie.

Elternarbeit als elementarer Bestandteil der pädagogischen Arbeit beruht auf einer partnerschaftlichen, dialogischen Kooperation.

Elternarbeit in einem sozialen Dienstleistungsunternehmen zielt auf die Erhöhung der Kundenzufriedenheit ab; d.h. die Elternwünsche und Interessen werden erfasst und fließen in die Gestaltung des Betreuungsangebotes ein« (Bernitzke & Schlegel 2004, S. 11).

Zusammenfassend können die Ziele der Elternarbeit wie folgt benannt werden (a.a.O., S. 12):
• Kooperation dient der Konfliktvermeidung
• Besseres Verständnis des Kindes
• Transparenz der Arbeit in der Einrichtung

- Aufbau einer vertrauensvollen Beziehung
- Elternarbeit zur Erfüllung des gesetzlichen Auftrags
- Informationsaustausch zwischen den Eltern und pädagogischen Fachkräften
- Entwicklung bedarfsgerechter Angebote und Betreuungsformen
- Erweiterung und Bereicherung des Betreuungsangebotes durch die aktive Mitwirkung der Eltern
- Erfahrungsaustausch unter Eltern
- Feedback über die eigene Arbeit.

Komplexes System der Familien- und Erziehungshilfen

Familien haben in den jeweiligen Familienphasen oder bei bestimmten Anlässen mit vielen Institutionen und Organisationen aus dem Bildungs-, Gesundheits- und Jugendhilfebereich, die unterschiedlichen Aufträgen nachgehen, Kontakt. Von der Frühförderung oder der Familienkasse über Kindergarten und Schule bis hin zu Erziehungsberatungsstellen und dem Jugendamt sind an verschiedenen Orten Fachkräfte zuständig und halten vielfältige Unterstützungsmöglichkeiten vor. Dieses System ist für viele Eltern kaum zu durchschauen, da die Hilfeformen und Aufgabenfelder bei vielfältigen Trägerschaften verhindern, den Überblick zu bewahren. Die Zugänge zu den Familien oder die Zugänge der Familien zu den Institutionen bzw. Unterstützungsvarianten sind vielfältig. Die Angebote unterscheiden sich nach Komm- und Gehstrukturen. Die Angebote können zuhause in den Familien stattfinden oder in einer Beratungsstelle.

Je niedrigschwelliger der erste Zugang ist und je hilfreicher er erfahren wird, desto höher die Chance, dass Familien bei Bedarf auch hochschwellige Hilfen annehmen. Durch Kooperationen können diese Formen parallel angeboten werden, zum Beispiel könnte eine Beratungsstelle mit bestimmten Themen im Kindergarten arbeiten. Dazu müssen die Angebote aufeinander abgestimmt werden und die Einrichtungen sich auch in örtlicher Nähe zueinander befinden. Auf lokaler Ebene müssen sich verschiedene »Bausteine« ineinanderfügen und so möglichst transparent ein Gesamtkonzept darstellen. Die Anschlussfähigkeit und Durchlässigkeit der Angebote vor Ort muss gewährleistet werden. Eine vorherige Markt- und Bedarfsanalyse ermöglicht dabei Synergieeffekte und fördert die Zusammenarbeit. Das Konzept muss für alle Akteure – gleich welcher professionellen Herkunft – und auch den Vertreterinnen und Vertretern aus Politik und Verwaltung wichtig sein und unterstützt werden. Mehrere unkoordinierte Projekte können ihre Wirkung gegenseitig aufheben.

Die Ergebnisse der Elternbefragung des Staatsinstituts für Familienforschung an der Universität Bamberg (vgl. Mühling & Smolka 2007) sagen aus, dass sich Eltern in erster Linie untereinander, bei Freunden und Bekannten oder bei Verwandten informieren. Dann erst folgen die Fachkräfte aus Kindergarten und Schule sowie die Ärztinnen und Ärzte. Das sind die Professionen, die aus dem Lebensalltag bekannt sind. Als Grund für die Nichtinanspruchnahme geben Eltern an, davon noch nie etwas gehört zu haben, zu wenig Zeit zu haben oder keinen Bedarf zu sehen (a. a. O.). Andererseits sind dieser Befragung zufolge 50 Prozent aller Eltern manchmal oder häufig verunsichert. Dies ist, bedingt durch die Veränderungen der Lebensformen und Lebenswelten der Familien, nicht verwunderlich. Es gibt eine Vielzahl an Literatur- und anderen Informationsquellen, die von Eltern unterschiedlich genutzt werden. Aber auch da ist kaum ein Überblick möglich. Es fällt den Familien schwer, professionelle Hilfe in Anspruch zu nehmen, und deshalb muss diese leicht erreichbar sein. Auch bei den Veranstaltungsorten für mögliche Angebote wurden in erster Linie vertraute und akzeptierte Stellen genannt. Diese Ergebnisse weisen auf die möglichen Zugänge hin und sind insbesondere auch bei Familien mit Migrationshintergrund zu berücksichtigen. Nur im Dialog können geeignete Zugänge und Unterstützungsmöglichkeiten entwickelt werden.

Eine Mutter (Aussiedlerin) kam in den Kindergarten und wurde von der Leiterin angesprochen und auf einen Sprachkurs hingewiesen. Die Frau war in Deutschland zur Schule gegangen und hat auch eine Ausbildung absolviert. Sie war über das Angebot irritiert und beschämt. Daraufhin betrat die Mutter den Kindergarten fast ein Jahr lang nicht mehr. Die Situation wurde nicht geklärt.
Die Leiterin des Kindergartens hatte sich sehr engagiert und Mittel für das Projekt »Mama lernt Deutsch« beantragt. Sie hatte viel Zeit investiert und allen Frauen mit Migrationshintergrund die Information weitergeleitet. Als der Kurs nur schleppend zustande kam, war die Leiterin enttäuscht und hatte das Gefühl: »Die wollen ja gar nicht.«
Als diese Situation im Rahmen einer gemeinsamen Fortbildung angesprochen wurde, zeigte sich die Unwissenheit und Unsicherheit im Miteinander.

Erziehungspartnerschaft in der Kita

Für viele Familien stellt die Kindertageseinrichtung den ersten Bezug zu »offiziellen Institutionen« dar. Die frühe Bildung und Erziehung hat somit für die soziale Integration eine hohe Bedeutung. Die Eltern umfassend und frühzeitig einzubinden ist wichtig, da nur die gemeinsame Begleitung und Förderung der Kinder erfolgversprechend sein kann. Eltern und pädagogische Fachkräfte sind aus unterschiedlichen Perspektiven Experten für die Lebenssituation und die Persönlichkeit des Kindes und sollten in diesem Sinne partnerschaftlich zusammenarbeiten.

Familien mit einem Migrationshintergrund haben in ihrem Herkunftsland jedoch oftmals eine andere Organisation der Betreuungs- und Bildungseinrichtungen und eine andere Form der Zusammenarbeit erlebt. Sie haben in der Regel ebenso unklare Vorstellungen von der Tätigkeit der Erzieherinnen und Erzieher wie die pädagogischen Fachkräfte über die Lebenssituationen der Familien. Die unterschiedlichen Vorstellungen, Vermutungen und die damit verknüpften Erwartungen machen die Zusammenarbeit oftmals schwieriger als mögliche sprachliche Verständigungsprobleme.

Einige Eltern in einem ländlich gelegenen Ort zogen ihren Töchtern zum Kindergartenbesuch täglich eine weiße Strumpfhose und ein Kleid an. Die Erzieherinnen unterhielten sich darüber und vermuteten, dass die Eltern konservativ seien und die Töchter traditionell erziehen wollten. Die Jungen durften toben und die Mädchen sollten sich zurückhalten. Mit der Zeit entwickelten sich Vorbehalte gegenüber den Eltern, da die Erzieherinnen andere Erziehungsziele verfolgten. Sie wussten aber nicht, ob und wie sie das Thema ansprechen sollten.

In einer gemeinsamen Fortbildung mit Familienbesucherinnen[33] und Erzieherinnen aus den örtlichen Kindertageseinrichtungen kam diese Unsicherheit zur Sprache. Die Familienbesucherinnen gaben an, dass die Mädchen aus Respekt

---

33 Familienbesucherinnen sind Frauen mit einem Migrationshintergrund, die im Rahmen eines vom Niedersächsischen Institut für frühkindliche Bildung und Entwicklung geförderten Projektes eine Qualifizierung durchlaufen, um Familien und Institutionen im Kontaktaufbau und in der Zusammenarbeit zu unterstützen. Die Qualifizierung beinhaltet u.a. Wissen über das Bildungssystem, den Bereich der Kinder- und Jugendhilfe, den Gesundheitsbereich, Basiskompetenzen zur Gesprächsführung, Rollenklärung u.v.m. Sie bauen eine »Brücke« zwischen vielen Akteuren und den Familien in einem Sozialraum, indem sie u.a. Familien begleiten, in Fortbildungen oder in Teamsitzungen Fragen mit den Fachkräften klären. Weitere Infos unter: http://www.Kitaundco.de/das-institut/projekte?view=item&id=64:project-64&catid=148

vor dem Kindergarten so angezogen würden. Die Mädchen dürften aber spielen
wie alle anderen und die Kleidung dürfe auch schmutzig werden.
Die unterschiedliche Bewertung der Situation konnte durch den Austausch über-
prüft und korrigiert werden. Die Erzieherinnen kannten eine weiße Strumpfhose
aus ihrer Kindheit nur in Verbindung mit Festlichkeiten und sich »nicht schmutzig
machen dürfen«.

Optimal ist es daher, wenn die Kita an die Erfahrungen des Kindes in seiner Familie anknüpft und das Kind die erworbenen Fähigkeiten einbringen
kann. Die Eltern müssen erleben, dass ihre eigenen Lebenserfahrungen und
ihre Erziehungskompetenz anerkannt werden und eingebracht werden können. Dafür sollten die pädagogischen Fachkräfte eine möglichst große Transparenz über die pädagogische Arbeit in der Tageseinrichtung herstellen und
die Eltern über die Möglichkeiten der Beteiligung aufklären. Sie sollten mit
Interesse und Offenheit auf alle Eltern zugehen und gerade auch bei Familien mit Migrationshintergrund aktiv um die Mitarbeit werben (besonders
auch bei Vätern). Die Partizipation, die Mitbestimmung und Mitgestaltung
der Eltern, muss tatsächlich gewollt sein und auch strukturell ermöglicht
werden.

Wissen – Können – Haltung als zentrale Faktoren der Zusammenarbeit mit Eltern

Die in stetiger Wechselwirkung stehende Trias aus Wissen, Können und Haltung kann als zentraler Faktor für die Professionalisierung der Erzieherinnen
und Erzieher für eine gelingende Elternarbeit und Erziehungspartnerschaft
angesehen werden.

In vielfältigen Projekten sind bereits eine Fülle wertvoller Erkenntnisse
zur Zusammenarbeit mit Eltern generiert worden. Der Deutsche Verein für
öffentliche und private Fürsorge hat so zum Beispiel einen prägnanten Kri-
terienkatalog für einen niedrigschwelligen Zugang zu Familien erstellt, der
auch für die Zusammenarbeit mit Eltern in Kitas genutzt werden kann:
• Alltagsnähe, d.h. lebensweltorientiertes Handeln
• Interessen, Bedarfe und Bewertungen der Lebenslagen der Eltern stehen
  im Mittelpunkt; sie sollen von allen genutzt werden können, ohne dass bestimmte Vorkenntnisse erforderlich sind oder sonstige Eingangsvorausset-
  zungen erfüllt sein müssen

- Familienfreundliche Öffnungszeiten und Zeitstrukturen
- Zeitplanung, ausgerichtet auf die Bedürfnisse der Familien
- Vielfältige Zugangsmöglichkeiten
- Angebot von Gelegenheitsstrukturen an Orten, an denen sich die Familien aufhalten und sich austauschen können
- Räumliche Vertrautheit: vertraute und akzeptierte Orte
- Familienbildung dort, wo sich die Familien aufhalten
- Kombinationen von Komm- und Gehstruktur
- Vertraulichkeit
- Freiwilligkeit
- Präventive Orientierung (Frühe Hilfen)
- Vielfältige Informations- und Kommunikationsformen
- Die Angebote sollten aus Einzelkontakten mit individuellen Förderungsmöglichkeiten bestehen und auch den Austausch im Rahmen von Gruppenangeboten ermöglichen
- Beachtung des speziellen kulturellen bzw. weltanschaulichen Hintergrundes
- Genderaspekte, Angebote sprechen nach wie vor eher Mütter an
- Dezentralisierung, Regionalisierung
- Partizipation: die Familien an der Planung und Gestaltung des Angebotes beteiligen; die aktive Gestaltung erhöht die Motivation (der Ablauf sollte nicht starr sein, dennoch Orientierung und Sicherheit bieten)
- Unterstützende Angebote ohne weitreichende Konsequenzen, die daraus für die Familie erwachsen
- Die Familie sollte die Kontrolle darüber behalten, welchen Einblick sie in ihre familialen Verhältnisse gewährt und welche Form der Unterstützung sie in Anspruch nimmt (Deutscher Verein 2005).

Wichtig ist es auch, die jeweilige Lebensphase der Familien zu beachten (aus Paaren werden Eltern) und nach dem Grundsatz »just in time« zu handeln. Übergänge (z.B. vom Kindergarten in die Schule) zu begleiten ist ein zentraler Ansatzpunkt, dem durch die Transitionsforschung mehr Beachtung gegeben wird. Dadurch wird ersichtlich, wie wichtig es ist, die Angebote für die unterschiedlichen Zielgruppen so passgenau zu gestalten, dass sie ohne Hemmschwellen in Anspruch genommen werden können. Eine weitere Möglichkeit besteht darin, Menschen einzubinden, die als Brückenbauer dienen können. Hiermit sind zum Beispiel Laienhelferinnen und -helfer gemeint, die aus dem gleichen Sozialraum stammen oder eine ähnliche Biografie aufweisen, zum Beispiel ebenfalls Migrationserfahrungen besitzen.

Neben den Rahmenbedingungen und dem methodischen Vorgehen ist die professionelle Haltung der Fachkräfte die wichtigste Bedingung für einen gelingenden Prozess der Zusammenarbeit mit Eltern. Eine förderliche Haltung bedeutet:
• Die Menschen differenziert wahrzunehmen
• Eltern als Experten für ihre Kinder, ihren Kulturkreis und ihre Lebenssituation anzusehen
• Eltern und Kinder mit ihren Stärken wahrzunehmen, ohne ihre Defizite zu ignorieren (Ressourcenorientierung)
• Wertschätzung (Grundhaltung ist ein positives Menschenbild)
• Förderung der Selbsthilfe, das Erleben der Selbstwirksamkeit in den Vordergrund zu stellen
• Die Bereitschaft, sich auf einen Prozess des Kennenlernens einlassen zu wollen
• Offenheit
• Sensibilität für unterschiedliche Lebenswelten
• Zuverlässigkeit – verlässlicher Partner sein
• Kontinuität im Dialog
• Neugierig zu sein auf die Familiensysteme, Geschlechterdynamiken, Rituale, Erziehungsziele …
• Toleranz gegenüber unterschiedlichen Werten
• Zuwanderung als Selbstverständlichkeit zu erleben
• Vertrauen ist die wichtigste Grundlage für eine Zusammenarbeit!

Um eine solche Haltung zu realisieren, ist eine Auseinandersetzung mit den eigenen Einstellungen bzw. Vorstellungen zum Thema Integration / Inklusion unausweichlich. Eigenes Verhalten, Vorgehen und eigene Wahrnehmungen kritisch zu hinterfragen und offen zu sein für Veränderungen, ist ein lebenslanger Prozess. Basis dafür ist die ständige Reflexion der eigenen Konstruktionen der Wirklichkeiten.

Familien- bzw. Elternarbeit in einer solchen ganzheitlichen Form verlangt Veränderungen in der Einrichtung insgesamt. Es muss ein gemeinsames, von der Leitung getragenes Konzept entwickelt werden. Wenn an dessen Entwicklung und Umsetzung alle wichtigen Akteure beteiligt werden, ist eine nachhaltige Öffnung möglich. Ein solcher Ansatz verlangt nichts Unmögliches, aber dennoch braucht es (Zeit-)Ressourcen – zum Beispiel für Fortbildung, Supervision oder den Austausch mit Kolleginnen und Kollegen. Es handelt sich um einen längerfristigen Veränderungsprozess in kleinen Schritten. Für die Umsetzung der Ideen braucht es viel Beharrlichkeit und Geduld.

Wir könn(t)en (fast) alle Familien erreichen mit ausreichenden Ressourcen, mit Ausdauer und Kreativität und vor allem mit einem funktionsfähigen Netzwerk auf lokaler Ebene und gegenseitigem Respekt.

Literatur

Bamberger, G. G. (2005): Lösungsorientierte Beratung. Weinheim: Beltz.

Barthelmess, M. (2005): Systemische Beratung. München: Juventa.

Bernitzke, F. & Schlegel, P. (2004): Das Handbuch zur Elternarbeit. Troisdorf: Bildungsverlag EINS.

Deutscher Verein für öffentliche und private Fürsorge e.V. (2005): Niedrigschwelliger Zugang zu familienunterstützenden Angeboten in Kommunen – Handlungsempfehlungen. Berlin.

Fischer, V. & Springer, M. (2011): Handbuch Migration und Familie. Schwalbach: Wochenschau-Verlag.

Freise, J. (2005): Interkulturelle Soziale Arbeit: Theoretische Grundlagen – Handlungsansätze – Übungen zum Erwerb interkultureller Kompetenz. Schwalbach: Wochenschau-Verlag.

Haug-Schnabel, G. & Bensel, J. (2003): Niedrigschwellige Angebote zur Elternbildung. Eine Recherche der FG Verhaltensbiologie des Menschen. Hamm: Katholische Sozialethische Arbeitsstelle.

Hosemann, W. & Geiling, W. (2005): Einführung in die systemische Soziale Arbeit. Freiburg: Lambertus.

Miller, T. (2003): Sozialarbeitsorientierte Erwachsenenbildung. Neuwied: Luchterhand.

Mühling, T. & Smolka, A. (2007): Wie informieren sich bayerische Eltern über erziehungs- und familienbezogene Themen? Ergebnisse der ifb-Elternbefragung zur Familienbildung 2006. Bamberg: Staatsinstitut für Familienforschung an der Universität Bamberg.

Nave-Herz, R. (2002): Familie heute – Wandel der Familienstrukturen und Folgen für die Erziehung. Darmstadt: Wissenschaftliche Buchgesellschaft.

Omer, H. & Schlippe, A. von (2004): Autorität durch Beziehung. Göttingen: Vandenhoeck & Ruprecht.

Rotthaus, W. (2004): Wozu erziehen? Entwurf einer systemischen Erziehung. Heidelberg: Carl-Auer.

Schlippe, A. von, El Hachimi, M. & Jürgens, G. (2003): Multikulturelle systemische Praxis. Ein Reiseführer für Beratung, Therapie und Supervision. Heidelberg: Carl-Auer.

Schlösser, E. (2004): Zusammenarbeit mit Eltern – interkulturell. Informationen und Methoden zur Kooperation mit deutschen und zugewanderten Eltern in Kindergarten, Grundschule und Familienbildung. Münster: Ökotopia.

Tschöpe-Scheffler, S. (2004): Fünf Säulen der Erziehung. Wege zu einem entwicklungsfördernden Miteinander von Erwachsenen und Kindern. Mainz: Matthias-Grünewald-Verlag.

Tschöpe-Scheffler, S. (2005): Konzepte der Elternbildung – eine kritische Übersicht. Opladen: Barbara Budrich.

Tsirigotis, C., Schlippe, A. von & Schweitzer-Rothers, J. (Hrsg.) (2006): Coaching für Eltern. Mütter, Väter und ihr »Job«. Heidelberg: Carl-Auer.

Vahsen, F. (2000): Migration und Soziale Arbeit. Konzepte und Perspektiven im Wandel. Neuwied: Luchterhand.

Wahl, K. & Hees, K. (Hrsg.) (2006): Helfen »Super Nanny« und Co? Ratlose Eltern – Herausforderung an die Elternbildung. Weinheim: Beltz.

Welter-Enderlin, R. & Hildenbrand, B. (Hrsg.) (2006): Resilienz – Gedeihen trotz widriger Umstände. Heidelberg: Carl-Auer.

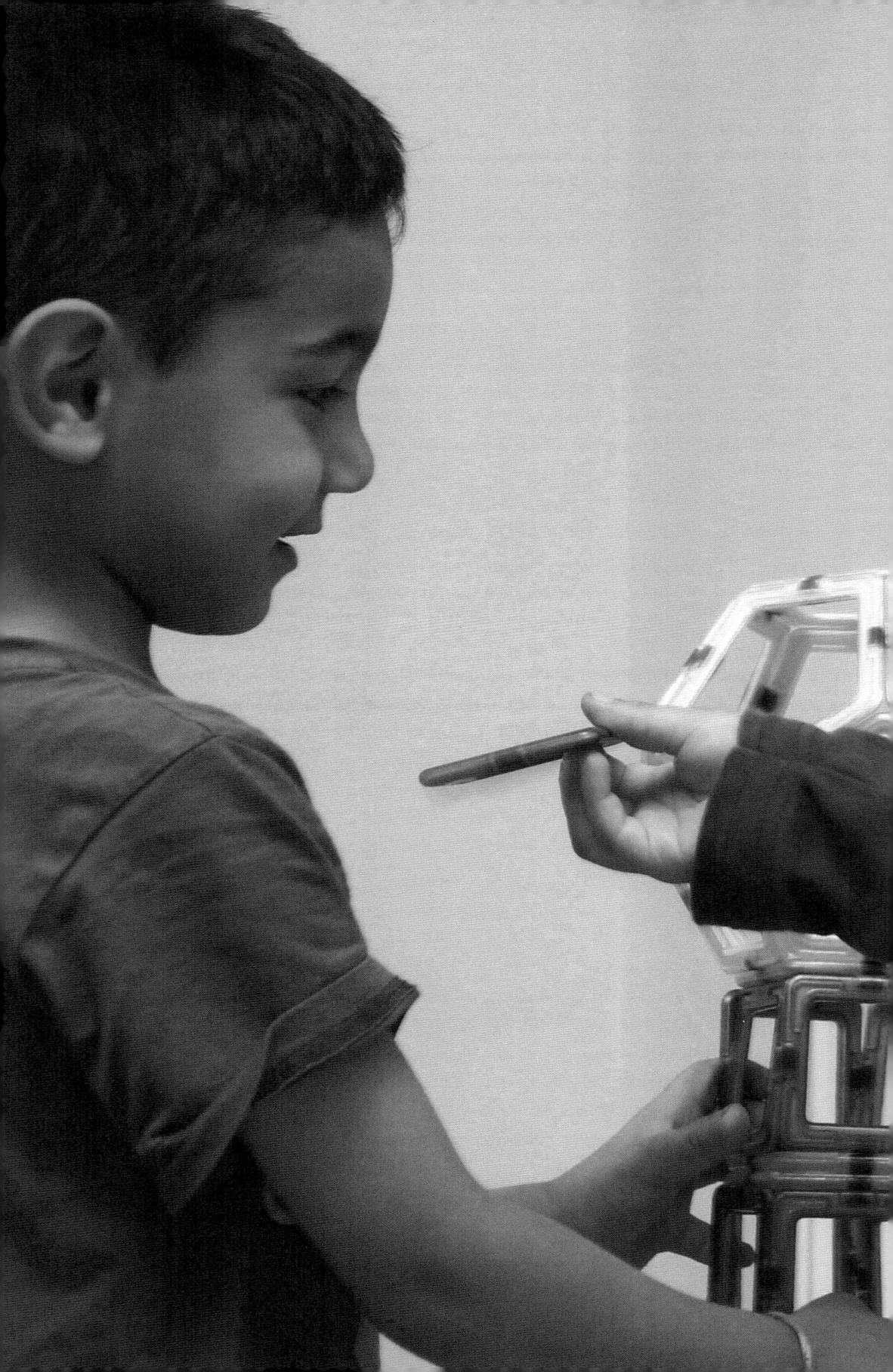

Teil III
Lebendige Einblicke in die interkulturelle Praxis

Gelebte Vielfalt mit Hand und Herz

Karsten Herrmann

»DOBRO JUTRO!«, »BUENOS DIAS!«, »Günaydın!« oder »Доброе утро« –
in vielen verschiedenen Sprachen werden die Kinder und Eltern der evangelischen Kindertagesstätte St. Michaelis jeden Morgen schon am Eingang
empfangen. Und fröhlich und ungezwungen wird hier auch der Besucher
begrüßt und in das geschäftige Treiben der Kinder aus zwölf verschiedenen
Nationalitäten aufgenommen. Das selbstverständliche Miteinander ist an
vielen Stellen zu beobachten. Auf der »Sprachinsel« spielen Emily, Olivia und
Ilkay, deren Namen schon auf unterschiedliche Herkünfte hinweisen, so zum
Beispiel gerade ein multikulturelles Memory. Hier lernen sie im Hinblick auf
Aussehen oder Zusammensetzung ganz verschiedene Familien kennen und
können dabei immer wieder Gemeinsamkeiten und Unterschiede zur eige-
nen Familie entdecken.

Die Kita St. Michaelis mit einem angeschlossenen Familienzentrum liegt
im Osnabrücker Stadtteil Eversburg, der durch eine alteingesessene Einwoh-
nerschaft und neu hinzugezogene Akademikerfamilien, aber auch durch
deutsch-russische Aussiedler und andere Familien mit Migrationshintergrund geprägt ist. In unmittelbarer Nachbarschaft der Kita liegen Asylbe-
werber-Unterkünfte, in denen Familien aus dem Kongo, Pakistan und Libyen
untergebracht sind. Aktuell kommt eine neue Welle aus dem vom Bürger-
krieg zerrissenen Syrien.

Und so haben gut 60 Prozent der Kinder in der Kita St. Michaelis mit ihren sechs Gruppen auch einen Migrationshintergrund – manche schon in der
zweiten oder dritten Generation, aber viele sind auch ganz neu in Deutschland und konnten hier noch gar keine Sprachkenntnisse erwerben.

Für die Kita-Leiterin Anne Trentmann und die Familienzentrums-Leiterin Monika Schaarschmidt ist das eine ganz besondere Herausforderung: »Ganz entscheidend ist es von Anfang an ein Vertrauensverhältnis aufzubauen, denn bei vielen Familien, die unser Kita-System nicht kennen, herrschen große Ängste und Vorbehalte: Wird mein Kind hier gut betreut und versorgt? Wird hier unsere Kultur respektiert?«

Entscheidender Erstkontakt

Für den Erstkontakt mit einer neuen Familie nimmt Anne Trentmann sich ganz bewusst Zeit, auch wenn diese wieder an allen anderen Ecken und Enden fehlt. Nach einem kurzen Aufnahmegespräch, zu dem bei Bedarf auch ein Dolmetscher kommt, führt sie Mutter und / oder Vater durch die Kita mit ihren nach Farben benannten Gruppen- bzw. Funktionsräumen. Gearbeitet wird hier nach einem offenen Konzept, sodass die Neuankömmlinge nicht stören, sondern von den pädagogischen Fachkräften und Kindern freundlich begrüßt und aufgenommen werden – dafür ist das Team auch ganz besonders sensibilisiert. »Wenn das neue Kind dabei ist«, so Anne Trentmann, »wird es über die Sprachbarrieren hinweg oftmals sofort in das Spiel integriert und dann wird es schwer, es wieder loszueisen.« Im Laufe der Führung kann Anne Trentmann schon häufig an den Gesichtern ablesen, wie die Eltern sich entspannen und das Gefühl bekommen, dass ihre Kinder hier gut aufgehoben sind. Wenn die Eltern sich dann entscheiden, ihr Kind in St. Michaelis anzumelden, folgt eine intensive Eingewöhnungsphase von zwei bis vier Wochen, in denen die Eltern lernen können loszulassen. Besonders schwer fällt es ihrer Erfahrung nach Sinti-Familien ihre Kinder in fremde Obhut zu geben, und da ist ein langer Prozess des Vertrauensaufbaus notwendig. So dient die Eingewöhnungszeit natürlich auch dazu, sich untereinander kennen und schätzen zu lernen. Dafür wird unter anderem jeden Freitag ein »löwenstarkes Frühstück« angeboten, das Raum für den lockeren Austausch von Eltern, Kindern sowie Erzieherinnen und Erziehern bietet.

Zusammenarbeit mit Eltern als Herzstück

Einig sind sich Anne Trentmann und Monika Schaarschmidt darin, dass die Zusammenarbeit mit Eltern das Herzstück der interkulturellen Kompetenz ist und sich dabei mit ihrem pädagogischen Gesamt-Konzept deckt: »Nach dem offenen Konzept zu arbeiten«, so Monika Schaarschmidt, »heißt auch wirklich offen zu sein für Familien.« Entsprechend viel Wert wird hier auf die konsequente Elternarbeit gelegt. Neben dem Frühstück für die Neuankömmlinge gibt es noch ein Elterncafé oder gemeinsame Frühstücksbuffets, bei denen die ganze kulturelle Bandbreite kulinarisch erlebbar wird. »Über das gemeinsame Essen und die vielen verschiedenen Speisen tut sich ganz viel, das ist ein idealer Ausgangspunkt für den Dialog zwischen den Kulturen«, so Monika Schaarschmidt. Nach ihrer Erfahrung sind vormittags und nachmittags, wenn zugleich die Kinderbetreuung gewährleistet ist, die besten Zeiten für Elternangebote. Dafür werden die Eltern auch individuell eingeladen und direkt angesprochen. Klassische Elternabende funktionieren nach ihrer Erfahrung aber nicht mehr, da zum Beispiel viele Alleinerziehende dann keine Betreuungsmöglichkeit für ihre Kinder haben oder viele muslimische Frauen nicht mehr das Haus verlassen.

Sprachförderung als Schlüssel

Ein zentraler Baustein der interkulturellen Arbeit ist in der Kita St. Michaelis natürlich auch die Sprachentwicklung und -förderung – »denn Sprache«, so unterstreicht Monika Schaarschmidt, »ist die Schlüsselkompetenz für die gesellschaftliche Teilhabe und zukünftige Bildungsbiografie unserer Kinder.« Sehr gute Erfahrungen hat die Kita dabei mit dem Bundesprojekt »Frühe Chancen« gemacht. Als »Schwerpunkt-Kita« sind sie in das Förderprogramm aufgenommen worden und können darüber eine halbe Sprachförderstelle finanzieren. Monika Schaarschmidt hat sich dabei selbst zur Sprachförderkraft weitergebildet, sodass ihre Kompetenz auch nach dem Auslaufen des Förderprogramms weiter zur Verfügung steht. Ausdrücklich unterstützt sie den Ansatz des Bundesprojektes, der auf eine von Anfang an in den Kita-Alltag integrierte Sprachförderung setzt und sich auch mit den Sprachförderempfehlungen des Landes Niedersachsen deckt.

Jeweils ein Drittel der zur Verfügung stehenden Förderzeit wendet Monika Schaarschmidt nun für die direkte Arbeit mit den Kindern, mit den Eltern sowie für den Kompetenz-Transfer im Team auf. Letzteres hält Monika Schaarschmidt für »unheimlich wichtig«, denn jede Erzieherin soll zukünftig im Alltag aktiv Sprachanlässe schaffen und nutzen. Ziel ist es, »Sprachförderung in unserer Kita zur bedeutenden Nebensache zu machen«, so Schaarschmidt. Als »Schatz im Haus« stuft sie dabei ihre Mitarbeiterinnen und Mitarbeiter ein, die neben Deutsch auch Russisch, Portugiesisch und

Libanesisch sprechen und wertvolle Erstkontakte mit Eltern knüpfen oder Kindern aus diesen Ländern auch einmal ein Stück Heimatgefühl vermitteln können.

Offenes Konzept

Die Arbeit nach dem Offenen Konzept spiegelt sich in der Kita St. Michaelis auf allen Ebenen wider. Grundsätzlich setzt die Leitung dabei auf Kinder als Akteure ihrer eigenen Entwicklung und auf Erzieherinnen und Erzieher, die offen sind für die Persönlichkeiten und individuellen Bedürfnisse der Kinder. Nicht nur im Haus öffnen sich dabei die Räume für die vielseitigen Aktivitäten der Kinder, sondern das Haus öffnet sich auch ganz bewusst für die Familien und den Sozialraum. Eingeschrieben ist dem Offenen Konzept aber auch eine ausdrückliche Offenheit für die verschiedenen Kulturen.

Die offene Pädagogik wird in St. Michaelis ergänzt durch ein »Stammgruppen«-Konzept. Dieses ermöglicht Kindern zunächst innerhalb der Gruppe tragfähige Beziehungen zu »ihren« Erzieherinnen und Erziehern aufzubauen und erste Freundschaften mit anderen Kindern zu schließen. »Das«, so Anne Trentmann, »macht Kinder stark und mutig, sodass sie sich dann Schritt für Schritt auf den Weg machen können, um die anderen Räume mit ihren Angeboten zu nutzen.«

Lernwerkstätten

Zwischen 9 und 11 Uhr öffnen sich in St. Michaelis für die Kinder jeden Tag die Lernwerkstätten und der Außenbereich der Kita. Hier können die Kinder in sorgsam vorbereiteten Umgebungen entdecken, forschen und experimentieren – und so an ihren Interessen und Rhythmen ansetzend ganz spielerisch lernen.

So regen in der »Baustelle« viele verschiedene Materialien zum fantasievollen Bauen und Konstruieren ein. Hier können Tastsinn und Feinmotorik geschult und durch Messen, Sortieren, Vergleichen oder Zählen erste mathematische Gesetzmäßigkeiten kennengelernt werden. In der »Kreativwerkstatt« werden alle Voraussetzungen geboten, um der Fantasie und der Gestaltungskraft freien Raum zu lassen. An verschiedenen Stationen stehen ganz unterschiedliche Materialien wie Papier, Pappe, Knete oder Ton zur Verfügung und im Atelier kann nach Herzenslust mit Farben experimentiert werden. Im Bauwagen auf dem Außengelände können die Kinder mit Holz konstruieren und dabei wie die Großen mit echten Werkzeugen hantieren. Gezielt wird in dieser Umgebung durch Projekte die Kunst in ihren unterschiedlichen Formen und Spielarten nahegebracht und die Techniken und Ausdrucksmittel nach und nach verfeinert. Dazu tragen auch die »Theaterwerkstatt« und der »Rollenspielraum« bei, wo die Kinder spielerisch in andere Rollen schlüpfen und zum Beispiel Erwachsenenrollen wie Mutter, Vater oder Handwerker erproben können. Das »Labor« bietet den Kindern in St. Michaelis an zahlreichen Spiel- und Lernstationen Zugänge zu Sprache, Schrift, Mathematik, Naturwissenschaften und Technik. Hier kann nach Herzenslust unter anderem mit magnetischen Kräften, elektrischen Stromkreisen oder den Elementen Wasser, Feuer, Erde und Luft experimentiert werden. Für reichlich Bewegung, Spiel und Toben ist in der Turnhalle gesorgt, in der es auch spezielle Angebote zu Rhythmik und Musik gibt. Das »Schaukelnest« sowie die »Trauminsel« sorgen schließlich für Entspannung und die notwendige Geborgenheit.

In jedem der Lernwerkstätten stehen den Kindern während der Öffnungszeiten ein bis zwei Erzieherinnen als besonders qualifizierte »Fachfrauen« zur Seite, um sie je nach ihren Voraussetzungen und aktuellen Interessenlagen individuell zu unterstützen und zu fördern. In diesem Sinne stellt das Lernwerkstätten-Konzept für Anne Trentmann und Monika Schaarschmidt gerade auch im Hinblick auf Kinder mit Migrationshintergrund »einen wichtigen Beitrag zur Chancengleichheit« dar.

Intensiviert wird das spielerische Lernen noch einmal für die Vorschulkinder. Sie sind in einer Stammgruppe zusammengefasst und setzen sich in herausfordernden Projekten auch über längere Zeiträume mit einem Thema auseinander und erlernen Methoden, um sich gezielt Wissen und Fähigkeiten anzueignen.

Übergang Kita – Grundschule

Für einen gelungenen Übergang pflegt die Kita St. Michaelis seit Jahren einen intensiven Austausch mit der Grundschule Eversburg und hat auch am »Brückenjahr«-Projekt des Niedersächsischen Kultusministeriums teilgenommen. Gemeinsam mit den Grundschullehrkräften finden so spezielle Elternabende für die Vorschulkinder zur Bildungsarbeit statt. »Hier können die Eltern«, so Monika Schaarschmidt, »hautnah nachvollziehen, was und wie ihre Kinder bei uns lernen und wie sie das auf die Schule vorbereitet.«

Modellcharakter hat auch die gemeinsame Entwicklungsbegleitung der Kinder mit Sprachförderbedarf von der Kita bis zum Ende des ersten Schuljahres. Dafür werden – das zumeist unproblematische Einverständnis der Eltern vorausgesetzt – auch als eine besondere Art der ressourcenorientierten Dokumentation die »Sprachtagebücher« dieser Kinder weitergegeben. Darüber hinaus sorgen zahlreiche Gemeinschaftsaktionen von Vorschul- und Grundschulkindern wie Vorlesestunden und Experimentierstunden in der Kita oder Besuche im Seniorenheim sowie der regelmäßige Austausch der Fachkräfte für einen möglichst reibungslosen Übergang gerade auch der Kinder mit Migrationshintergrund.

Familienzentrum

Durch ein angeschlossenes Familienzentrum ist die sozialräumliche Vernetzung in der Kita St. Michaelis Programm und es können viele zusätzliche Angebote wie das »Elterncafé« realisiert werden. Im Aufbau ist auch ein Kreis ehrenamtlicher Lesepatinnen und Lesepaten, die die Kinder an die Buch- und Lesekultur heranführen. Dabei konnte schon eine russische Großmutter gewonnen werden, die Geschichten auch in ihrer Heimatsprache vorliest. Die Ausweitung für weitere Sprachen wie Türkisch ist geplant, hängt aber noch von der ungewissen Weiterförderung des Familienzentrums durch die Gemeinde und die Stadt Osnabrück ab. Das gilt auch für die »Koch- und Backstube«, in der Väter gemeinsam mit ihren Söhnen Leckeres am Herd brutzeln oder Kuchenteig rühren und in der Monika Schaarschmidt auch ein multikulturelles bzw. internationales Kochen etablieren möchte.

Haltung und Teamarbeit

»Wir möchten jedes Kind, jede Mutter und jeden Vater mit seinem Anderssein akzeptieren und ihnen mit Respekt und Wertschätzung begegnen« – so beschreiben Anne Trentmann und Monika Schaarschmidt die Grundphilosophie ihrer interkulturellen Arbeit. Dafür gelte es auch immer wieder das Team zu sensibilisieren und die eigene kulturelle Brille zu reflektieren. Neben Fortbildungen seien hierfür auch die Zeit und der Raum für den gegenseitigen Austausch auch über das eigene Team hinaus unabdingbar.

Bei aller Wertschätzung anderer Kulturen gibt es für Anne Trentmann und Monika Schaarschmidt aber auch Grenzen und nicht verhandelbare Grundsätze: »In bestimmten Situationen müssen wir uns auch deutlich positionieren und das eigene pädagogische Selbstverständnis vertreten – zum Beispiel wenn ein Vater seinem Sohn bei uns in der Kita eine saftige Ohrfeige verabreicht und das für sein gutes Recht hält.« Bei aller Wertschätzung kultureller Unterschiede sollten in diesem Sinne über alle Kulturen hinweg bestimmte Standards – wie das Recht auf körperliche Unversehrtheit – eingehalten werden.

Grundsätzlich geht es den beiden auch darum, das Verschiedensein zwar immer im Blick zu haben, aber im Kita-Alltag nicht ständig ausdrücklich zu thematisieren oder herauszuheben. »Das kommt schon von den Kindern«, weiß Monika Schaarschmidt, »und ihre Fragen und Impulse gilt es dann aufzunehmen« – zum Beispiel, wenn ein Mädchen mit muslimischer Kultur sie fragt: »Glaubst du an Jesus?«, oder wenn es um verschiedene Vorstellungen von Himmel, Engel, Gott oder Tod geht.

Perspektiven und Herausforderungen

Die größte Herausforderung der interkulturellen Arbeit besteht für Monika Schaarschmidt und Anne Trentmann darin, sich die notwendige Zeit für die Zusammenarbeit mit Eltern, für Fortbildungen und insbesondere auch für die Anleitung und Unterstützung von neuen Kolleginnen und Kollegen im turbulenten Kita-Alltag freizuschaufeln. »Hierfür wie auch für viele andere neue Aufgabenfelder brauchen wir einfach mehr Verfügungszeiten«, unterstreichen sie. Auch in der Ausbildung müsse sich noch viel tun, denn hier sei interkulturelle Kompetenz in der Regel noch »gar kein Thema«. Und schließlich würden sich Monika Schaarschmidt und Anne Trentmann auch mehr Multikulturalität im eigenen Team wünschen – doch hier verhindert zurzeit noch eine Bestimmung der evangelischen Landeskirche in Niedersachsen, dass zum Beispiel auch Erzieherinnen und Erzieher mit muslimischem Glauben eingestellt werden können.

Diese Beispiele zeigen, dass für eine konsequente interkulturelle Arbeit auch die entsprechenden Rahmenbedingungen noch dringend weiter verbessert werden müssen. Aber auch wenn diese noch längst nicht optimal sind, lebt die Kita St. Michaelis die kulturelle Vielfalt schon jetzt durch ein abgestimmtes pädagogisches Konzept, in dem ein Rädchen in das andere greift und die offene, von Respekt geprägte Haltung eine entscheidende Rolle spielt.

Interkulturelle Kompetenz aus Sicht der Praxis – Expertinnen und Experten im Interview

Maria Korte-Rüther

WAS BEDEUTET INTERKULTURELLE ARBEIT im Alltag der Kita und welche Kompetenzen sind hier besonders gefragt? Wo liegen die besonderen Schwierigkeiten und Herausforderungen, aber auch die Chancen? Um Antworten auf diese zentralen Fragen zu bekommen, habe ich zusammen mit Karsten Herrmann drei Kindertagesstätten in Nienburg und Langenhagen / Kaltenweide besucht und mit Leitungen, Erzieherinnen und Erziehern sowie einer Fachberaterin gesprochen. Die Mitarbeiterinnen und Mitarbeiter der ausgewählten Einrichtungen haben an der Fortbildung »Interkulturelle Kompetenz in Kindertagesstätten« (siehe den folgenden Beitrag in diesem Band) teilgenommen. In der Kita Arche Noah in Nienburg fand eine Inhouse-Schulung statt und die Stadt Langenhagen finanziert das Fortbildungsangebot für alle Kindertagesstätten der Gemeinde trägerübergreifend.

Als zentrale Dimensionen der interkulturellen Arbeit wurden in unseren Gesprächen die Zusammenarbeit mit den Eltern sowie eine damit eng verbundene grundsätzliche Haltung sichtbar:

> »Den Blick auf sich selber zu lenken macht 50 Prozent der interkulturellen Arbeit aus, gewisse Dinge kann ich nicht ändern, aber meine Haltung dazu.«
> (Kita-Leiterin)

Unsere Gesprächspartnerinnen und -partner unterstreichen, wie wichtig es ist, im Kontakt mit Eltern und Kindern eine fragende, interessierte Grundhaltung einzunehmen. Interkulturelle Kompetenz bedeutet für sie insbesondere der Beziehungsaufbau zu den Eltern, der in verschiedensten Settings und Formen geschieht – vom Tür- und Angelgespräch über Elternabende bzw. -nachmittage und Entwicklungsgespräche bis hin zu Elterncafés oder gemeinsamen Frühstücksbuffets. Wichtig sei es dabei jeweils, flexibel auf die Bedürfnisse und Möglichkeiten der Eltern einzugehen und neben dem Wahrnehmen von Unterschieden vor allem auch Gemeinsamkeiten deutlich zu machen und zu benennen. Dies gilt insbesondere auch für den Umgang mit unterschiedlichen Konfessionen und religiösen Vorstellungen.

Die Vielfalt der Kulturen der Familien zeigte sich als eine große Herausforderung für die Mitarbeiterinnen und Mitarbeiter sowie als eine permanente Aufforderung zum Hinterfragen und zu einer anderen Sicht auf die Welt:

> *»Warum ist das so? Ich muss mir den Background einholen, um Reaktionen nachvollziehen zu können.«* (Erzieher)

Viele Eltern mit Migrationshintergrund sind beim ersten Kennenlernen der Kitas skeptisch und vermuten ein anderes Erziehungs- oder Bildungsverständnis sowie andere Erziehungsziele. So sind vielen Eltern aus anderen Kulturkreisen das hier stark akzentuierte Bild vom Kind als eigenständigem Akteur seiner Entwicklung und eine entsprechend freie Erziehungsatmosphäre auf Augenhöhe oftmals fremd. Für sie stehen eher Werte wie Respekt und Gehorsam vor Älteren und eine hohe, mit Verpflichtung verbundene Leistungsorientierung im Vordergrund. Die – zum Beispiel im Offenen Konzept – ausgeprägte Wahlfreiheit kann Kinder und vor allem deren Eltern dann leicht überfordern. Hier gilt es für die Erzieherinnen und Erzieher besonders aufmerksam zu sein und die Vorbehalte und Befürchtungen der Eltern sensibel aufzunehmen und die Kinder gut zu begleiten. Hierin zeigt sich eine spezielle und intensive Anforderung an die Professionalität der Fachkräfte.

> *»Durch das größere Verständnis unterschiedlicher Kulturen verändert sich die Sichtweise auf die Menschen. Diese Herausforderung der Sensibilisierung des Teams macht Freude.«* (Kita-Leiterin)

In der alltäglichen interkulturellen Arbeit ist die ständige Reflexion der eigenen kulturellen Brille und der damit verbundenen Erziehungs- und Bildungsziele eine Grundvoraussetzung, um die Eltern und Kinder da abzuholen, wo sie sind. Es gibt große Unterschiede in der Erwartungshaltung von Eltern und ein Spannungsfeld zwischen Integrationsnotwendigkeit und Anpassungsdruck auf der einen und dem Bedürfnis nach kultureller Identität auf der anderen Seite. Die veränderten Lebenswelten, Werte und Normen stellen die Familien vor große Herausforderungen, wie zum Beispiel das veränderte

Rollenverständnis von Frauen und Männern. Eine tragfähige Beziehung zwischen pädagogischen Fachkräften und Eltern kann nur auf der Grundlage von Vertrauen, Wertschätzung und gegenseitiger Akzeptanz entstehen. Das braucht Zeit, Räume und Freiräume.

Die interkulturelle Kompetenz durchdringt alle Themen und Ebenen in der Kita. Insbesondere berührt es aber den Bereich der Werte und Normen. So spielt in der Kita Arche Noah als konfessioneller Einrichtung der evangelischen Kirche die religionspädagogische Ausrichtung im Alltag eine wichtige Rolle. Viele Eltern sind, wenn sie damit in Berührung kommen, zunächst vorsichtig. Sie haben Angst vor dem Unbekannten und vor der Beeinflussung der Kinder durch fremde Werte und Ziele und somit letztlich auch vor Identitätsverlust. Darum ist es für das Team besonders wichtig, die religiösen Feste der unterschiedlichen Kulturen zu beachten und zu feiern und für die Eltern möglichst transparent zu machen, was Religion im pädagogischen Alltag der Kita bedeutet. Damit alle Eltern (auch diejenigen, die kein oder nur schlecht Deutsch sprechen oder Analphabeten sind) verstehen, was in der Kita passiert, wird die Arbeit den neuen Eltern auf einem Elternabend mit vielen Fotos präsentiert.

Der Sozialraum und die sozialräumliche Vernetzung

»Entscheidend für unsere Arbeit ist immer die Frage: Was brauchen die Kinder, was brauchen die Eltern und Familien?« (Kita-Fachberatung)

Bei der Frage, was die Kinder und ihre Eltern brauchen, spielt die Berücksichtigung des Sozialraumes, aus dem sie stammen, eine große Rolle für die Arbeit in der Kita generell, aber insbesondere auch für ihre interkulturelle Kompetenz. So wurden auch in den Interviews die Unterschiede in den Sozialräumen und deren Bedeutung für die pädagogische Arbeit sehr schnell transparent. Zwar liegen alle drei besuchten Einrichtungen in Kleinstädten und dort jeweils in Stadtteilen mit einem hohen Anteil an Familien mit Migrationshintergrund. Allerdings unterscheiden sich die Lebensbedingungen und Lebenssituationen der Familien, die die Einrichtungen besuchen, doch sehr deutlich voneinander.

So befindet sich die Kita Arche Noah in Nienburg in einem klassischen sozialen Brennpunkt. Viele Familien leben in einer prekären Lebenssituation, sind arbeitslos oder von Arbeitslosigkeit bedroht und oftmals recht isoliert. In die ehemalige Siedlung der englischen Armee sind überwiegend Familien aus Osteuropa und aus dem kurdischen Teil der Türkei eingezogen. Es gibt einen starken Nachzug von Familienangehörigen aus dem Herkunftsland. Die Kita und das daneben liegende Begegnungszentrum sind Teil des Programms »Soziale Stadt«.

»Eine Ganztagsbetreuung ist bei uns kaum nachgefragt. Viele Familien, auch die kleinen Kinder, sind abends lange wach und schlafen morgens lange. Darum sind hier die Nachmittagsgruppen besonders interessant.« (Kita-Leiterin)

Als großen Vorteil und Unterstützung für die Arbeit bezeichnen die Erzieherinnen und Erzieher die direkte räumliche Anbindung an das Begegnungszentrum im Stadtteil. Dadurch können die Angebote der Kita für die Bedarfe der ganzen Familien ergänzt werden – zum Beispiel durch Sprachkurse, Hausaufgabenhilfe und Modellprojekte für Mütter. Diese Angebote werden von Bildungsträgern vor Ort (z.B. die VHS) durchgeführt.

In der Stadt Langenhagen im Stadtteil Kaltenweide hat sich die Bevölkerungsstruktur in den vergangenen zehn Jahren stark verändert – von einer vormals dörflichen Prägung hin zu städtischen Strukturen mit einem hohen Zuzug von Familien mit Migrationshintergrund. Aktuell leben hier Familien aus 101 Nationen. Der Sozialraum ist geprägt durch die Nähe zu Hannover und dem Flughafen als großem Arbeitgeber. Langenhagen ist ein Wirtschaftsstandort. Viele der hier lebenden Familien haben einen polnischen, osteuropäischen oder türkischen Migrationshintergrund. Es gibt auch hier einen starken Nachzug von Familienangehörigen.

Im Gegensatz zu Nienburg ist in Langenhagen / Kaltenweide das Interesse an einer Ganztagsbetreuung sehr hoch, denn viele Eltern arbeiten im Schichtdienst, und oftmals sind beide Elternteile berufstätig. Auffällig viele Familien sind durch den Bau eines Eigenheims zusätzlich belastet. Das Thema »Vereinbarkeit von Familie und Beruf« und damit zusammenhängend die Anforderung an eine flexible Betreuung der Kinder spielt hier eine große Rolle.

Durch die Entwicklung zum Familienzentrum und die gezielte sozialräumliche Vernetzung vollzieht sich eine weitere Öffnung der DRK-Kindertagesstätte Weiherfeld für die ganzen Familien, und hierdurch ändert sich auch die professionelle Haltung der Erzieherinnen und Erzieher. Sie müssen offen sein für neue Fragestellungen und Aufgaben, der professionelle Aktionsradius ändert sich. Dafür ist eine akzeptierende Grundhaltung erforderlich, um die Familien mit ihren jeweiligen Bedingungen und Hintergründen einzubinden.

Gelebtes Miteinander der Kulturen

»Als Erzieherin muss ich im Kontakt mit den Eltern authentisch sein.«
(Kita-Leiterin)

»Auf den Anfang kommt es an« im Leben eines Kindes ebenso wie bei der Kontaktaufnahme mit den Eltern. Das Aufnahmegespräch, der erste Kontakt wird von unseren Gesprächspartnerinnen und -partnern als entscheidend angesehen: Es kann Barrieren im Verstehen abbauen und Türen öffnen.

Das bedeutet, das Team der jeweiligen Einrichtung muss sich dafür bewusst Zeit nehmen und für die Situation sensibilisieren. Das Aufnahmegespräch sollte reflektiert werden, dafür ist es von Vorteil, wenn diese Gespräche zu zweit geführt werden.

Beim Erstgespräch wird den Eltern die Kita vorgestellt und der Alltag in der Einrichtung thematisiert. Dies ist ein zentraler Baustein für den Aufbau einer Erziehungspartnerschaft zwischen pädagogischen Fachkräften und Eltern. Dabei soll Vertrautes, Bekanntes, Gemeinsames gezeigt und wahrgenommen werden, aber auch Raum für das Ansprechen von Irritationen und Fremdem sein. Das erfordert Zeit, eine hohe Aufmerksamkeit und Sensibilität von den Fachkräften und Mut zur Begegnung mit dem Unvertrauten auch bei den Eltern.

Mitarbeiterinnen und Mitarbeiter mit eigenem Migrationshintergrund können dabei wertvolle Brückenbauer sein. Sie bringen ihre eigene Kultur mit ein und öffnen und inspirieren dadurch das Team. Sie können aus eigener Erfahrung den notwendigen Perspektivwechsel vollziehen. Zudem bildet sich dadurch die gesellschaftliche Realität ab und den Kindern erleichtern sie die Eingewöhnung. So berichten die pädagogischen Fachkräfte der DRK-Kita Weiherfeld:

»Zu unserem Team gehört eine Köchin, die in Afghanistan geboren ist. Vor einiger Zeit wurde ein Junge angemeldet, der kurz zuvor aus dem Iran nach Deutschland gekommen war und nur Farsi sprach. Der Junge war sehr zurückhaltend und scheu, kein Wunder, denn alles war neu und fremd für ihn und wir konnten nicht miteinander sprechen. Für dieses Kind wurde die Küche der zentrale Ort der Eingewöhnung, denn die Köchin konnte den Jungen verstehen und mit ihm sprechen. Die ersten Wochen verbrachte er also überwiegend in der Küche der Kita. Hier war sein Ort der Eingewöhnung. Nach und nach wagte er Schritte immer weiter in die Einrichtung hinaus. Inzwischen ist er voll integriert, fühlt sich wohl und bringt sich lebendig ein.«

Für Eltern – gerade auch für deutsche – kann es allerdings auch irritierend sein, wenn ein Teammitglied aus einem anderen Kulturkreis kommt, einer anderen Religion angehört und hörbar eine andere Muttersprache spricht. Hier besteht für die Kita-Teams die Herausforderung, die interkulturelle Offenheit gegenüber allen Eltern zum Thema zu machen.

»Beobachten heißt, sich auf eine Verstehensreise zu begeben.« (Kita-Fachberatung)

Für Familien aber insbesondere für die Kinder bedeutet ein solches Aufwachsen in Vielfalt eine interkulturelle Öffnung, die sozusagen »nebenher« passiert. Kinder aus Kulturen, die sich sonst eher mit Vorbehalten begegnen, können sich in der Kita kennenlernen und Vorurteile abbauen. So fördert die gelebte Vielfalt das soziale Miteinander.

Mit folgenden Projekten haben die drei Einrichtungen gute Erfahrungen gemacht:
• »Wir sind Kinder einer Erde« bietet gute Anlässe zum Kennenlernen
• Die Familien und ihre Geschichte zum Beispiel mit Portfolios, Familiencollagen, »Familienhäusern« sichtbar machen oder Poster mit Fotos der Familien in den Gruppenräumen aufhängen, um zu zeigen, woher die Kinder kommen
• Interreligiöse Gottesdienste mit Themen aus dem Alten Testament (Grundlage aller drei monotheistischen Religionen)
• Internationales Frauenfrühstück, um den teilnehmenden Müttern einen Raum zu geben, in dem eine Gruppe entstehen kann, in der offen über Religion, Sexualerziehung und Gesundheitsfragen gesprochen werden kann

- Elternfrühstücke und Elternnachmittage; der Kontaktaufbau läuft häufig über das gemeinsame Essen
- Einrichtung eines interkulturellen Elternbeirats, in dem jeweils zwei Eltern aus jeder Kita-Gruppe vertreten sind
- Eltern als Lesepaten in den in der Einrichtung vertretenen Muttersprachen
- Spielnachmittage mit Eltern und Kindern
- Den neu angemeldeten Kindern und ihren Eltern die Aufnahmebestätigung persönlich nach Hause bringen
- Regelmäßige Entwicklungsgespräche über die Kinder mit den Eltern
- Notwendige Formulare und wichtige Informationen für die Eltern in die Herkunftssprachen übersetzen (lassen).

Für das Aufrechterhalten dieser interkulturellen Prozesse sind Kontinuität und konzeptuelle Verankerung eine wichtige Voraussetzung. Einmalige, herausragende Projekte können allerdings ein guter Anfang sein, um diesen Prozess zu starten. Interkulturelle Kompetenz ist nicht irgendwann erworben und »fertig«, sondern entwickelt sich in einem fortlaufenden Prozess der Auseinandersetzung und Reflexion.

Was ist noch zu tun?

>»Kitas sind wichtige Orte im Sozialraum, sie müssen sich öffnen.«
(Kita-Fachberatung)

Immer wieder wurde in unseren Gesprächen deutlich, dass sich die Kitas zunehmend als wichtige Akteure im Sozialraum verstehen und sich diesem auch öffnen möchten. Das ist unter den gegebenen Rahmenbedingungen aber nur schwer möglich und erfordert mehr Verfügungszeit und eine bessere Finanzierung. Es braucht entsprechende Räumlichkeiten und für die neuen Aufgaben geschultes Personal. Das gesamte Team muss sich in einem fortlaufenden Prozess professionalisieren und weiterentwickeln.

>»Die Kita muss wieder zu einem ›Beziehungsort‹ werden, es gilt das Motto ›Zurück zu den Wurzeln‹.« (Kita-Leiterin)

Übereinstimmend äußerten die Erzieherinnen und Erzieher in unseren Gesprächen auch die Sorge, dass ihre pädagogische Arbeit zunehmend durch einzelne Bildungsthemen und -projekte überlagert wird. Sie halten eine Kehrtwende, einen »Kulturwandel« für notwendig, mit dem das Wesentliche, nämlich die die Intensität und Qualität der Beziehungen, wieder stärker in den Fokus rückt.

»Meine Vision ist ein wachsendes ›Wir-Gefühl‹ im Stadtteil.«
(Kita-Fachberatung)

Wünschenswert, wenn nicht sogar erforderlich ist auch eine Vernetzung mit »Brückenbauern« wie Elternlotsen und Stadtteilmüttern. Vernetzung und Zusammenarbeit mit anderen Einrichtungen im Stadtteil stellt ein weiteres wichtiges Thema dar, das entsprechende Zeitressourcen und Kompetenzen erfordert. Doch gerade die zeitlichen Ressourcen fehlen immer mehr – nicht zuletzt auch, wie unsere Gesprächspartner beklagen, durch die immer weiter zunehmende Verwaltungsarbeit der Leitung.

Als vorteilhaft für eine konsequente interkulturelle Arbeit in den Kitas sehen viele pädagogische Fachkräfte auch die vermehrte Einstellung von Mitarbeiterinnen und Mitarbeitern mit Migrationshintergrund an. Dem stehen jedoch noch konfessionelle Beschränkungen entgegen – so können von der evangelischen Kirche getragene Kindertageseinrichtungen in Niedersachsen zum Beispiel keine Mitarbeiterinnen und Mitarbeiter mit muslimischem Glauben einstellen und das Tragen von Kopftüchern ist auch in den meisten anderen Kitas nicht gestattet. Kritisch beurteilt wird auch die Vorbereitung auf das Thema Interkulturelle Kompetenz in der Ausbildung. Wichtig sei es, das Thema in den Curricula der Fach- und Hochschulen zu verankern.

Professionalisierung durch Fortbildung

»Eine Fortbildung zur Interkulturellen Kompetenz muss die notwendige Anregung zur Reflexion der eigenen Sichtweisen bieten, der Blick sollte auf einen selbst gelenkt werden.« (Kita-Leiterin)

Wichtig ist es. durch Fortbildung das Verständnis für die unterschiedlichen Lebenswelten zu stärken und sich für unterschiedliche Erziehungsziele und -stile, Werte und Wünsche zu sensibilisieren. Durch eine Fortbildung sollte aber auch das Hintergrundwissen über andere Kulturen wachsen.

»Ein anderer / erweiterter Blickwinkel führt zu mehr Verständnis.«
(Kita-Leiterin)

Fortbildung sollte dabei helfen, den eigenen Standpunkt zu finden, sich seiner »eigenen kulturellen Brille« bewusst zu werden, zu erleben, dass es nicht um Anpassung geht, sondern um Toleranz und Akzeptanz. Dabei muss das Suchen nach dem Gemeinsamen im Vordergrund stehen, nicht die Suche nach Trennendem und Fremdem.

Im interkulturellen Alltag der Einrichtungen geht es aber nicht nur um Selbstreflexion und Sensibilisierung, sondern auch um Können im Umgang mit unterschiedlichen Sichtweisen und Erwartungen. Darum sollte im Rahmen einer Qualifizierung auch »Handwerkszug« für die Praxis entwickelt werden. Eine Fortbildung könnte dadurch zu einem Labor der Vielfalt an guten Ansätzen, Methoden und Sichtweisen werden.

Wertvoll ist auf jeden Fall Reflexion als fester Bestandteil der Fortbildung. Die Möglichkeit, sich im Verlauf aber auch zum Ende des Fortbildungsprozesses noch einmal mit dem Gelernten und dem noch Erforderlichen auseinanderzusetzen, könnte zu einer intensiveren Verankerung der neuen Inhalte im Kita-Alltag führen.

Eine Inhouse-Schulung kann für die Einrichtung dabei besonders wertvoll sein. Neben der fachlichen und persönlichen Auseinandersetzung mit dem Thema findet ein intensiver Teamprozess statt. Die Auseinandersetzung mit dem Thema Vielfalt / Interkulturalität und die persönliche und fachliche Reflexion führen zu einem gemeinsamen Lernen. Der Alltag in der Einrichtung wird von allen Beteiligten in den Blick genommen. Neue Ansätze, Methoden und Herangehensweisen werden schon im Rahmen der Fortbildung auf Umsetzbarkeit überprüft. Dadurch kann sich die Einrichtung insgesamt öffnen.

Fortbildung zur interkulturellen Kompetenz in Kindertageseinrichtungen

Maria Korte-Rüther

WIE DIE BEITRÄGE IN DIESEM BAND eindrucksvoll belegen, wird Interkulturelle Kompetenz in Kindertageseinrichtungen zunehmend zu einer wichtigen Basisqualifikation für Erzieherinnen und Erzieher. In Niedersachsen hat das Niedersächsische Institut für frühkindliche Bildung und Entwicklung (*nifbe*) in Kooperation mit dem Sozialministerium daher eine Fortbildung zu diesem Thema entwickelt, mit Kooperationspartnern durchgeführt und mit sehr positivem Ergebnis wissenschaftlich evaluiert.

Der Entwicklungsprozess

Von seiner Grundkonzeption ist das Niedersächsische Institut für frühkindliche Bildung und Entwicklung auf den wechselseitigen Austausch von Forschung und Praxis ausgerichtet. Mit der Forschungsstelle »Entwicklung, Lernen und Kultur« und ihren kultursensitiven Ansätzen für die Elementarpädagogik war die wissenschaftliche Expertise für eine Fortbildung »im Hause« vorhanden und über die regionalen Netzwerke die Praxisnähe. Nach einer Bestandsaufnahme bereits bestehender Fortbildungscurricula zur Interkulturellen Kompetenz wurde in einer Expertenrunde (bestehend aus Wissenschaftlerinnen, Fortbildnerinnen und Fortbildnern sowie Praktikerinnen und Praktikern) ein Rahmencurriculum mit folgenden Kernzielen entwickelt:

• Wissenschaftlich basierte Inhalte
• Selbstreflexion als Kernelement
• Orientierung am Alltag der Einrichtung – sowohl was die Inhalte als auch die Form der Fortbildung betrifft
• Sicherung des Transfers der Erfahrungen und Inhalte in den Alltag der beteiligten Kindertageseinrichtungen
• Einbindung von erfahrenen Referentinnen und Referenten sowie Bildungseinrichtungen
• *nifbe* als Transferinstitution, die initiiert, koordiniert und vernetzt
• Wissenschaftliche Evaluation
• Räumliche Nähe zu den teilnehmenden Einrichtungen.

Grundkonzeption

Vielfalt beinhaltet jegliche Form von Unterschieden und Heterogenität: Geschlecht, Religion, Herkunft, Lebens- und Familienformen, sozialer Status, Sprache, äußere Merkmale eines Menschen. Vielfalt betrifft alle Kinder in der Kita, nicht nur Kinder mit Migrationshintergrund. Vielfalt ist in unserer heutigen modernen Gesellschaft normal. Werte und Normen entstehen in einem Kontext, in dem sie Sinn machen. Es gibt oft nicht »das Richtige« und »das Falsche«, sondern verschiedene Blickweisen auf einen Sachverhalt. Dennoch bestehen gesellschaftliche Machtunterschiede, die entscheiden, welche Normen und Werte als richtig oder falsch gelten. Dieser gilt es sich bewusst zu sein.

Unter diesen Prämissen sind Integration und interkulturelle Öffnung als Prozesse zu verstehen, die alle Beteiligten immer wieder aufs Neue herausfordern. Die Einwanderungsgesellschaft ändert sich stetig, es entstehen immer wieder neue Konstellationen. Dieser Prozess findet auf allen Ebenen statt: in der Gesellschaft, in den Bildungsinstitutionen (z.B. Kitas), in den Menschen, die sich mit der Thematik beschäftigen. Die Fortbildung ist Teil dieses Prozesses des Miteinander-Lernens.

Die Fortbildung richtet sich an Erzieherinnen und Erzieher aus Kitas mit einem »hohen« Anteil an Kindern aus Familien mit Migrationshintergrund. Es sollten immer mindestens zwei Beschäftigte aus einer Einrichtung teilnehmen, um die Umsetzung in den Kita-Alltag und den Transfer in das Team zu unterstützen. Die Fortbildung begleitet den Einrichtungsalltag über ein halbes Jahr, sodass die Inhalte der Module immer wieder in und durch die Praxis erprobt und reflektiert werden können. Durch enge Bezüge zum Niedersächsischen Orientierungsplan für Kitas und dem pädagogischen Alltag können die Teilnehmerinnen und Teilnehmer sich von Anfang an auch aktiv mit ihrem Erfahrungsschatz einbringen. Die Fortbildung wird so gestaltet, dass sie zu verstärkter Handlungsfähigkeit und nicht zu einer Überforderung führt. Die Kita wird dort abgeholt, wo sie steht. Das Praxis- und das Reflexionsmodul sind zentrale Elemente für den Theorie-Praxis-Transfer. Hier werden Umsetzungsszenarien für den Kita-Alltag geplant und reflektiert, die die beteiligten Einrichtungen dauerhaft interkulturell öffnen.

Ablauf und Durchführung der Fortbildung

Die Fortbildung umfasst insgesamt sieben Tage, die sich wie folgt aufteilen:
• Zweitägiges Basismodul
• Eintägiges Modul Eltern / Familien
• Zwei eintägige Wahlmodule, die aus einem Kanon von fünf ausgewählt werden können
• Eintägiges Praxismodul
• Eintägiges Reflexionsmodul.

Jeder Fortbildungstag umfasst acht Unterrichtsstunden. Die Gesamtfortbildung findet innerhalb eines halben Jahres statt und erstreckt sich auf 56 Unterrichtsstunden. Zwischen dem Praxis- und Reflexionsmodul liegen mindestens zwei Monate, um Zeit für die Umsetzung und das Sammeln von Erfahrungen in der Praxis zu ermöglichen.

Inhalte und Methoden der Fortbildung

→ *Basismodul*

Das Basismodul behandelt unterschiedliche Themen auf drei Ebenen: Haltung, Sensibilisierung und Wissen. Dabei spielen der Wechsel der Perspektiven und die Reflexion des eigenen professionellen Handelns eine grundlegende Rolle. Themen sind:
• Vielfalt der Kulturen: Welche Erfahrungen – positive und auch negative – verbinden die Teilnehmerinnen und Teilnehmer der Fortbildung mit diesem Begriff? Wie wird Interkulturalität gelebt? Wie drückt sich Identität aus und welche Herausforderungen beinhaltet der Prozess der Integration?
• Familiensysteme und -konzepte: Worin unterscheiden sich Familien in ihren Systemen und Konzepten? Was verbindet sie? Wie sehen die Vorstellungen und Erfahrungen der Teilnehmenden dazu aus?
• Erziehungsziele und -stile: Wie wird »Selbstständigkeit« in verschiedenen Kulturen definiert? Wann ist ein Kind selbstständig? Steht das Individuum oder die Zugehörigkeit zu einer Gruppe im Zentrum?
• Bildungspartnerschaften: Was erwarten Eltern von Kitas und Kitas von Eltern? Wie wird Verantwortung geteilt? Wie kann das Zusammenspiel von Familie und Kita gestaltet werden?
• Vorurteile und Diskriminierungen: Wie kann mit Kindern über Unterschiede gesprochen werden? Wie können Unterschiede im Miteinander als

Ressource gelebt werden? Welche Auswirkungen haben Diskriminierungs-
erfahrungen, zum Beispiel im biografischen Kontext?
• Vielfalt aktiv gestalten: Kinder müssen in der Kita an Vertrautes anknüpfen
und von hier aus neue Erfahrungen machen können. Wie kann dies in der
Kita aktiv umgesetzt werden?
Anhand praktischer Beispiele aus der Arbeit der Teilnehmenden werden diese
Themen jeweils verdeutlicht und reflektiert.

→ *Modul Eltern und Familien*
Gesellschaftlicher Wandel und die Veränderung der Lebenswelten führen
dazu, dass Familien in einem hohen Maße einen Balanceakt zwischen Stabi-
lität und Wandel leisten müssen. Das führt zu einem veränderten Aufgaben-
profil für pädagogische Fachkräfte und erfordert von den Eltern viel Energie,
da Kinder in ihrem Heranwachsen in jedem Alter auf Unterstützung ange-
wiesen sind. Kinder brauchen das Gefühl der Anerkennung, der Zugehörigkeit und der Orientierung. Damit die Eltern diesem Auftrag gerecht werden
können, brauchen sie Unterstützung aus dem sozialen Umfeld und auch von
den unterschiedlichen Fachkräften. Die Heterogenität der Familien stellt dabei eine große Herausforderung, aber auch eine Bereicherung für die Kindertageseinrichtungen dar.
Zentrale Fragen sind:
• Wie können Eltern einen besseren Zugang zu den Kitas und Kitas einen
besseren Zugang zu den Eltern finden?
• Wie können sich pädagogische Fachkräfte und Eltern als Bildungs- und
Erziehungspartner wahrnehmen?

→ *Wahlmodule*
Die Inhalte des Basismoduls werden in folgenden Wahlmodulen vertiefend
bearbeitet:

Sprache und Kommunikation
Dieses Modul geht insbesondere auf die Rolle von Sprache und Kommunikation in den Familien ein. Mehrsprachigkeit sowie Variationen im elterlichen
Erziehungsverhalten und im Umgang der Eltern mit ihren Kindern führen
zu unterschiedlichen Kommunikationsformen bei Kindern und stellen Erzieherinnen und Erzieher immer wieder vor Herausforderungen.

Zentrale Fragen sind:
- Wie gehen Familien mit Mehrsprachigkeit um?
- Welche Auswirkungen haben unterschiedliche Erziehungsformen und -stile auf das Kommunikationsverhalten?

Wahrnehmungs- und Denkstile

Bei diesem Modul sollen kulturabhängige Unterschiede in der Informationsverarbeitung behandelt werden. Je nachdem, aus welchem kulturellen Familienkontext Eltern und ihre Kinder kommen, verhalten sie sich nicht nur unterschiedlich, sondern sie sehen die Welt und denken über die Welt auf unterschiedliche Art und Weise.

Zentrale Fragen sind:
- Welche kulturabhängigen Unterschiede zeigen sich in der Informationsverarbeitung?
- Welchen Einfluss haben unterschiedliche kulturelle Kontexte von Familien darauf, wie Kinder die Welt sehen und verstehen?

Ethische und religiöse Fragen, Grunderfahrungen menschlicher Existenz

Kinder stellen existenzielle Fragen. Sie sind die geborenen Philosophen. Es genügt ihnen nicht, fertige Antworten auf ihre Fragen zu bekommen. Sie möchten mit Erwachsenen und anderen Kindern in Dialog treten und den Dingen auf den Grund gehen. Gerade wenn es um existenzielle Fragen wie über Leben und Tod, Trauer und Trennung, über Wertvorstellungen und Normen, über gut und böse geht. In einem kulturell pluralen Umfeld erleben Kinder zugleich, dass Menschen unterschiedliche Antworten auf die gleichen existenziellen Fragen geben, unterschiedliche Erklärungen für die gleichen Phänomene haben, unterschiedliche Werte und Normen befolgen und unterschiedliche Gewohnheiten und Bräuche praktizieren.

Zentrale Fragen sind:
- Wie kann ein dialogischer Zugang zu den ethischen und religiösen Fragen und Grunderfahrungen kindlicher Existenz gefunden werden?
- Wie können unterschiedliche Weltdeutungsmuster und Lebenswirklichkeiten der Kinder im Kita-Alltag gelebt werden?

Lebenspraktische Kompetenzen

Ziel dieses Moduls ist es, einen der Vielfalt in der Kita angemessenen Umgang mit lebenspraktischen Kompetenzen im Hinblick auf die Themen Gesundheit, Hygiene, Körper, Spielen, Bewegung und Essen zu fördern. Es geht darum, Kinder in ihrer eigenen Identität zu stärken. Sie sollen ihre Familienkultur in der Kita wiederfinden und somit an Vertrautes anknüpfen können; sie sollen Vielfalt erleben und aktiv mitgestalten. Der sensible und bewusste Umgang der Erzieherinnen und Erzieher mit unterschiedlichen Konzepten, Sicht- und Umgangsweisen mit diesen Themen sowie die Anpassung des Kita-Alltags an die vorhandene Heterogenität wirkt sich zudem positiv auf den Kontakt zu den Eltern aus, die in diesen Prozess aktiv mit eingebunden werden und daran teilhaben. So kann das Vertrauen zwischen allen Beteiligten wachsen und eine Bildungspartnerschaft gestärkt werden.

Zentrale Fragen sind:
- Wie können Kinder im Kita-Alltag an Vertrautes anknüpfen (z.B. Rituale, Spiele) und in dieser Sicherheit Neues entdecken?
- Welche unterschiedlichen Sicht- und Umgangsweisen gibt es zum Beispiel zu den Themen Gesundheit, Hygiene oder Essen?

Ästhetisch-Kulturelle Bildung

Kulturelle Bildung (Bilder, Töne, Mimik, Gestik) fördert die gegenseitige Akzeptanz und die Ausbildung interkultureller Kompetenz der Kinder. Sie ermöglicht dabei nicht nur unmittelbare Erfahrungen mit bildender Kunst, Musik, Theater, Rhythmik, Tanz, Literatur oder Film und Medien; sie fördert ebenso die Schulung der Sinne sowie der Kreativität. Kulturelle Bildung lässt eigene Begabungen entdecken, stärkt die Schlüsselkompetenzen und führt zur Verbesserung der sprachlichen Ausdrucksmöglichkeiten.

Zentrale Frage ist:
- Wie können Kitas Kinder dazu befähigen, eigene Potenziale zu erkennen und Mut für eigenverantwortliches Handeln zu entwickeln?

→ *Praxismodul*

Im Praxismodul werden individuelle, an die jeweiligen Einrichtungen angepasste Projekte und Umsetzungen geplant. Die Teilnehmerinnen und Teilnehmer der Fortbildung setzen sich an diesem Tag mit konkreten Implementierungsschritten und -erfordernissen auseinander. Konzipiert und umgesetzt werden sollen nicht einzelne isolierte Projekte, sondern dauerhafte Veränderungen im Kita-Alltag.

→ *Reflexionsmodul*
Dieses Modul bietet die Möglichkeit, Erfahrungen aus den Umsetzungen – sowohl positiver als auch problematischer Art – zu reflektieren. Ziel ist es, das Thema Interkulturalität in den Kitas nachhaltig zu verankern. Dafür ist es wichtig, neben Erfolgsbedingungen auch die Stolpersteine zu definieren.

Hier einige Beispielprojekte, die im Rahmen des Praxismoduls entwickelt wurden:

Barbara Kita Garrel: »Vorleseprojekt in Muttersprachen und Aufbau einer internationalen Bibliothek«
Ziel des Projektes ist es, den Kindern die Möglichkeit zu geben, andere Sprachklänge / Melodien und Rhythmen kennenzulernen. Die Eltern lesen dafür bekannte Märchen in ihren Muttersprachen vor.
Um das Projekt gut zu planen und im Kita-Alltag zu integrieren, wurde es mit dem gesamten Team abgesprochen. Zunächst waren die Mitarbeiterinnen und Mitarbeiter skeptisch, da es in der Kita ständig an Platz mangelt, und so wurde überlegt, wo das Projekt durchgeführt werden kann. Es entstand die Idee, eine Ecke für die Bücherei zu reservieren. Da es aber auch an Kinderbüchern in vielen Sprachen mangelte, mussten diese zuerst besorgt werden. Das Team googelte und wurde im Internet fündig; es fand eine Adresse, unter der internationale Kinderbücher verkauft werden. Die Idee des Vorleseprojekts in Muttersprachen konnte nun im Rahmen der neuen Bücherecke gestartet werden.
Als erster Schritt wurde ein Elternbrief in drei Sprachen verfasst: auf Deutsch, Türkisch und Russisch. Die Eltern waren am Anfang nur zögerlich bereit, sich aktiv an dem Projekt zu beteiligen. Schließlich begann eine Mutter auf Französisch vorzulesen. Das Projekt wird dauerhaft weiterlaufen und weitere Eltern sollen gewonnen werden. Durch die Einrichtung einer Elternbücherei wurde die Möglichkeit geschaffen, dass die Eltern auch Bücher in ihren Muttersprachen zur Kita bringen und dort zur Verfügung stellen können.

Kita am Vossbarg Rastede: »Gemeinsam mit euch im Alltag«

Ziel des Projektes ist es, Eltern aktiv in den Kita-Alltag einzubinden, indem sie selbst Angebote an die Kinder machen.

Zu Beginn des Projektes wurden in einem ersten Schritt alle Eltern mit Migrationshintergrund eingeladen. Die Einladungen erfolgten durch einen Brief, der in unterschiedlichen Sprachen abgefasst war. Die Übersetzung hatten die Mütter übernommen. Alle eingeladenen Eltern erschienen und waren begeistert von der Idee. Es wurden aus den Familien der Eltern und aus deren Bekanntenkreis weitere Übersetzer für die russische, arabische und kurdische Sprache gefunden.

Zuerst entstand ein Plakat auf Deutsch, Arabisch, Kurdisch und Russisch, das das Projekt erklärt. Später wurden auf dem Plakat alle Elternangebote in den vier Sprachen eingetragen. Geplant wurden: Russisch Tanzen, Fenster mit Begrüßung in unterschiedlichen Sprachen beschriften, Osterbrot backen, »Meinen Namen« in arabischer Schrift schreiben.

Die Fenster wurden mit Begrüßungen in verschiedenen Sprachen durch die Eltern beschrieben. Am ersten Donnerstagvormittag übte ein russischstämmiger Elternteil mit den Kindern russische Tänze ein. Am zweiten Donnerstagvormittag zeigte ein arabischstämmiger Vater den Kindern, wie ihr Name mit arabischen Buchstaben geschrieben wird. Die Kinder waren von den Projekten begeistert.

Zukünftig werden Elternbriefe in arabischer und deutscher Sprache verfasst und den Eltern zugeschickt. An jedem ersten Donnerstag im Monat sollen weiterhin Projekte von und mit den Eltern durchgeführt werden. Die Projekte haben sich sehr positiv auf die Kommunikation unter und mit den Eltern ausgewirkt.

Kita Lummerland Peine: »Interkulturelle Familienarbeit«

Ziel des Projektes ist der Transfer der Fortbildungsinhalte in das Gesamtteam der Einrichtung und die Überarbeitung der Einrichtungskonzeption unter Einbeziehung der kulturellen Hintergründe der Familien.

Im Projekt stand die Sensibilisierung des Teams im Zentrum. Als erster Schritt wurde gemeinsam der Film »Babys« von Thomas Balmes angeschaut. Im Anschluss fand ein intensiver Austausch zu der Frage »Was brauchen Kinder?« statt. Im Team wurden danach vertiefend folgende Fragen bearbeitet:

• Aus welchem Lebensumfeld, welcher Lebenssituation kommen Kinder in unsere Einrichtung?
• Welchen wichtigen Bedürfnissen von Kindern und Eltern müssen wir in unserer Konzeption Rechnung tragen?

Die Beschäftigung mit diesen Fragen führte das Team zu einer Reflexion über Grundbedürfnisse von Kindern:

- *14 Grundbedürfnisse (Armin Krenz) – hier: Anknüpfung an Workshop »Emotionale Bildung«*
- *Übertragung in die Kita – Was brauchen unsere Kinder?*

Diese reflexive Auseinandersetzung hatte eine sehr starke Wirkung auf das Team, das sich dadurch dem Thema Interkultureller Alltag / Vielfalt geöffnet hat.

Zentrale Ergebnisse der Evaluation

Die zehn Fortbildungen, die in 2009 / 2010 über Niedersachsen verteilt stattfanden, wurden durch Andrea Tettenborn von der Universität Heidelberg in Zusammenarbeit mit der Forschungsstelle »Lernen, Entwicklung und Kultur« evaluiert. Im Vorfeld der Fortbildung kamen exemplarisch einige pädagogische Fachkräfte in qualitativen Interviews (Interviewerin: Denis Röllig, Universität Osnabrück) selbst zu Wort, um einen Einblick in die Praxis zu ermöglichen. Fragen waren zum Beispiel:

- Wie gestaltet sich der Alltag in einer Kindertageseinrichtung, die von vielen Kindern mit Migrationshintergrund besucht wird?
- Welche Haltungen finden sich dazu bei den pädagogischen Fachkräften und wie gehen sie mit dieser Vielfalt um?
- Welche Schwierigkeiten erleben sie in ihrem Arbeitsalltag und inwiefern wurden bereits Lösungsansätze entwickelt?
- Inwieweit verfügen die pädagogischen Fachkräfte also bereits über interkulturelle Kompetenzen und an welchen Stellen besteht noch Unterstützungs- und Fortbildungsbedarf?
- Mit welchen Erwartungen gehen die Teilnehmerinnen und Teilnehmer in die Fortbildung?

Zum anderen sollte überprüft werden, inwieweit die Ziele der Fortbildung erreicht wurden und wie die einzelnen Fortbildungsmodule, die Dozentinnen und Dozenten sowie die Rahmenbedingungen von den Teilnehmenden bewertet wurden. In einem weiteren Schritt wurde untersucht, inwiefern sich der Umgang mit kultureller Vielfalt vor und nach der Fortbildung veränderte und auch welche Veränderungen es in den Einrichtungen im Anschluss an die Fortbildung gab. Die Evaluation umfasste damit einen qualitativen und einen quantitativen Teil.

Insgesamt bestätigten die Evaluationsergebnisse[34] den Ansatz und die Umsetzung der Fortbildung »Interkulturelle Kompetenz«: So bewerteten zwei Drittel der rund 120 Teilnehmerinnen und Teilnehmer die Fortbildung als »ideal« und hoben insbesondere den praxisnahen Aufbau, den »regen kollegialen Austausch mit fachlich kompetenter Unterstützung« sowie »Hintergrundwissen und vielfältige interkulturelle Anregungen für den Kita-Alltag« hervor. Als positive Effekte der Fortbildung wurden in erster Linie die »Sensibilisierung für das Thema«, ein »Perspektivenwechsel« und »mehr Offenheit im Umgang mit Familien und Kindern mit Migrationshintergrund« genannt. Knapp 90 Prozent der Teilnehmenden hielten angesichts des stetig wachsenden Anteils von Kindern mit Migrationshintergrund in der Kita Zusatz-Qualifizierungen zu interkultureller Kompetenz für notwendig.

Weiter bestätigt und konkretisiert wurden diese Evaluationsergebnisse durch einige befragte Teilnehmerinnen und Teilnehmer – hier ein Beispiel:

> »Wir gehen seit der Fortbildung noch viel bewusster und offener mit dem Thema der kulturellen Vielfalt um und haben einen besseren Kontakt mit den Eltern aufgebaut. Manche Stolpersteine vermeiden wir jetzt. So achteten wir bewusst darauf, im Ramadan entweder keine Elternabende durchzuführen oder zumindest keinen Kaffee und Kuchen anzubieten. Und wir wissen jetzt auch, dass es in manchen Kulturen als unhöflich gilt, sich beim Gespräch direkt in die Augen zu schauen.«

Der wahre Erfolg einer Fortbildung bemisst sich daran, was tatsächlich im Alltag der Einrichtung ankommt. Hier konnte erfreulicherweise festgestellt werden, dass die Teilnehmerinnen und Teilnehmer dazu befähigt worden sind, die Eltern und Kinder mit Migrationshintergrund stärker einzubeziehen und ein besseres Verständnis und mehr Offenheit für die Familien zu entwickeln. Die Fortbildung hat dazu beigetragen, die Kindertageseinrichtung kultursensibel zu durchdenken und so auch verschiedene Spielmaterialien anzupassen. Ein deutlicher Erfolg der Fortbildung lässt sich in den pädagogischen Elementen interkultureller Arbeit erkennen. So hat in vielen elementaren Bereichen der interkulturellen Erziehung die Handlungsfähigkeit der Erzieherinnen und Erzieher deutlich zugenommen

---

34 Bei Interesse kann der Evaluationsbericht unter: maria.korte-ruether@nifbe.de angefordert werden.

Kritisch zu betrachten sind allerdings folgende Ergebnisse: Mehrsprachigkeit wird zwar mehrheitlich positiv wahrgenommen, die Erstsprachen der Kinder kommen jedoch in der alltäglichen Arbeit kaum vor. Das Potenzial von Erzieherinnen und Erziehern mit Migrationshintergrund ist nicht immer bewusst. Die Mehrheit der Befragten wünscht sich mehr Unterstützung im Arbeitsalltag von dieser Personengruppe, wobei ihr Potenzial zumeist auf Sprachkenntnisse und Hintergrundwissen beschränkt gesehen wird. Pädagogische Fachkräfte mit eigenem Migrationshintergrund geben zu rund 80 Prozent an, dass ihnen diese Erfahrungen den Umgang mit Eltern und Kindern mit Migrationshintergrund erleichtern. In fast der Hälfte (43 Prozent) der Einrichtungen arbeiten allerdings keine Fachkräfte mit Migrationshintergrund. Doch in immerhin 22 Prozent der Einrichtungen gibt es eine Fachkraft, in weiteren 22 Prozent sind zwei bzw. drei Fachkräfte mit Migrationshintergrund beschäftigt. Hier sollte das große Potenzial weiter genutzt und auch forciert werden –, denn die Vielfalt der Kulturen der Kinder und Familien in einer Kindertageseinrichtung sollte sich auch im Team der Fachkräfte abbilden. Hier muss eine weitere interkulturelle Öffnung der Einrichtungen stattfinden, die die gesellschaftliche Realität tatsächlich widerspiegelt.

Fazit

Interkulturelle Kompetenz ist ein fortlaufender Lernprozess, der durch eine Fortbildung fokussiert und angeregt werden kann. Dies betrifft in gleicher Weise die interkulturelle Öffnung der Einrichtungen. Durch die vielen Rückmeldungen zu den durchgeführten Fortbildungen und die Ergebnisse der Evaluation ist deutlich geworden, dass dabei die Fachkräfte und auch die Einrichtungen nicht allein gelassen werden dürfen.

Interkulturelle Kompetenz braucht auch die entsprechenden Rahmenbedingungen, braucht Zeit, Personalressourcen, Beratung, Räume und nicht zuletzt die Vernetzung im Sozialraum zu anderen Einrichtungen.

Wir haben festgestellt, dass eine große Bereitschaft zu einer solchen Öffnung und zu einem entsprechenden Lernprozess in den Kitas vorhanden ist – was fehlt, ist eine bessere politische und finanzielle Unterstützung.

Interkulturelle Kompetenz in der Ausbildung

Christian Laengner

»Das was ich bin, weiß ich jetzt, aber nur für den Moment.«
(Fachschülerin)

DER ERWERB INTERKULTURELLER KOMPETENZ ist eine permanente Herausforderung. Im Prozess der Auseinandersetzung mit dem Fremden entwickle ich eine eigene (kulturelle) Identität, die sich durch neue Begegnungen möglicherweise wieder verändert. Diese Grundüberzeugung ist ein Grundpfeiler aller weiteren Überlegungen zum Stellenwert interkultureller Kompetenz in der Ausbildung der Erzieherinnen und Erzieher.

Im Jahr 2005 haben wir am Diakonie-Kolleg Hannover begonnen, in der berufsbegleitenden Ausbildung zur Erzieherin / zum Erzieher einen inhaltlichen Schwerpunkt zu entwickeln, den wir »Umgang mit Fremdheit« nennen. Ausgangspunkt war die Situation in den Schulklassen, in denen sich eine zunehmende Vielfalt der Schülerschaft parallel zur allgemeinen gesellschaftlichen Entwicklung zeigt. Bei uns am Diakonie-Kolleg Hannover finden wir neben der großen Altersspanne von 20 bis zu 48 Jahren auch zunehmend unterschiedlichste Ausbildungsbiografien der Schülerinnen und Schüler. Mehr als ein Drittel von ihnen hat einen Migrationshintergrund. Diese Mischung kann (leider), wie auch oft in der Praxis der sozialen Arbeit, Missverständnisse, Reibungen und Konflikte zur Folge haben. Häufig führt bei Schülerinnen und Schülern mit Migrationshintergrund das Gefühl, sich sprachlich nicht den vermeintlichen Ansprüchen entsprechend ausdrücken zu können, zu Zurückhaltung oder gar zum Verstummen.

Diese Parallelität der Verhältnisse (Schulklasse / Praxisstelle) greifen wir als Lernsituation auf im Sinne der Rahmenrichtlinien für den berufsbezogenen Unterricht an der Fachschule für Sozialpädagogik (Niedersächsisches Kultusministerium 2002, S. 6). Die Schülerinnen und Schüler können sich nicht nur Wissen über den Umgang mit Menschen anderer kultureller Orientierung aneignen, sondern durch das Reflektieren der im Fachschulalltag konkret erlebten Begegnungen und Auseinandersetzungen auch Handlungskompetenzen erwerben. Der Erwerb von Fach-, Personal- und Sozialkompetenz wird so in guter Weise miteinander verwoben. In den Rahmenrichtlinien heißt es entsprechend: »Die Entfaltung eigener Bildungs- und Begabungsressourcen ermöglicht den Erzieherinnen und Erziehern die Planung und Gestaltung von Bildungsprozessen (…) bei den ihnen anvertrauten Kindern und Jugendlichen« (a.a.O., S. 1).

Beim biografischen Arbeiten zum Thema berufliche Identität werden die vielfältigen, teilweise dramatischen und leidvollen Lebenserfahrungen (ansatzweise) sichtbar. Dazu ein Beispiel: Bei einer Erinnerungsaufgabe zum Thema Spielsituationen / Spielzeuge erinnert ein Schüler Kriegssituationen. Dies löst unterschiedliche Reaktionen bei den Zuhörern aus: Neugier, Mitleid, Entsetzen, Ablehnung …

Entscheidend für den Unterrichtserfolg ist es, diese Reaktionen als unsere Anteile am Geschehen zu erkennen, die uns etwas über unsere kulturelle Prägung / Identität zeigen. Hierzu führt der Sozialwissenschaftler Wolf Wagner aus: »Beim Wahrnehmen fremder Kulturen ist es demnach besonders wichtig, neben dem Impuls zur vorschnellen Erkenntnis das Wissen um die eigenen Unwissenheit lebendig zu erhalten. Erst dann hat man eine Chance, tatsächlich etwas wahrzunehmen, was unbekannt und fremd ist. (…) Das Nichtverstehen einer Situation, das Zugeben des Nichtwissens ist für Menschen aus einer wissenschaftlich-technischen Kultur wie der unsrigen schwer zu ertragen. Deshalb können sie auch kaum jemals etwas Neues erleben oder wahrnehmen, weil es sie im Innersten so sehr bedrohen würde, dass sie es sofort wieder in Bekanntes und Verstandenes verwandeln müssen.« Und weiter: »Selbst wenn es möglich wäre, die vorschnelle Erkenntnis zu vermeiden, würde man sich damit bei der interkulturellen Wahrnehmung keinen guten Dienst erweisen, denn man würde ein wertvolles interkulturelles Erkenntnisinstrument aus der Hand geben. Denn sie sagt zwar nichts über die fremde, aber sehr viel über die eigene Kultur« (Wagner 1997, S. 14ff.). Von diesen Überlegungen ausgehend, haben wir uns in unserer Ausbildungskonzeption vorgenommen, uns von der Orientierung an den Problemen, die sich aus dem »Anders-Sein« ergeben, zu lösen, um einen neugierigen Blick zu wagen auf die Vielfalt in der Klasse und die Individualität der Schülerinnen und Schüler.

Einen konkreten inhaltlichen Orientierungspunkt für die Entwicklung einer Ausbildungsdidaktik finden wir in den Rahmenrichtlinien. Zum Lernfeld »Kinder und Jugendliche in besonderen Lebenssituationen erziehen, bilden und betreuen« wird erläutert: »Erzieherinnen und Erzieher begegnen in unterschiedlichen Arbeitsfeldern Kindern und Jugendlichen, deren Entwicklung durch Beeinträchtigungen oder besondere Lebensumstände erschwert ist. (...) Sie überprüfen ihre Einstellungen und ihr Verhalten gegenüber Menschen aus anderen Kulturen. Mit gezielten Maßnahmen zur Sprachförderung und zum interkulturellen Lernen unterstützen sie die Integration von Kindern und Jugendlichen aus nicht-deutschsprachigen Herkunftsfamilien« (Niedersächsisches Kultusministerium 2002, S. 28).

Das Thema interkulturelle Kompetenz wird am Diakonie-Kolleg Hannover in einem circa halbjährlichen Unterrichtsblock gegen Ende der berufsbegleitenden Ausbildung vertieft. Dabei werden sowohl der berufsbezogene als auch der berufsübergreifende Unterricht einbezogen. Bestandteile dieses Unterrichts zum Bereich interkulturelle Kompetenz sind: Wissen über Migration und Migrationsgründe, wie sie zum Beispiel Klaus Bade (2007) dokumentiert hat. Ergänzt wird diese zeitgeschichtliche Darstellung jeweils durch die aktuellen Daten des Statistischen Bundesamtes. Neben der Kenntnis von Daten und Fakten geht es um die Erkenntnis vom »Normalfall Migration«.

»Das Projekt hat mir ins Bewusstsein geholt, dass meine Eltern selbst Fremde waren, als sie nach dem Zweiten Weltkrieg flüchten mussten. Ich möchte jetzt mehr über meine Wurzeln wissen.« (Eine Fachschülerin)

Einen sozialpsychologischen Zugang bieten Auszüge aus Arno Gruens Werk »Der Fremde in uns«. Im Mittelpunkt der Auseinandersetzung mit der Thematik »Fremdheit« steht hier eine Annäherung an das Fremdsein »in unserem eigenen Innern«. Es geht dabei unter anderem darum, zu verstehen, wie die Konstruktion und Zuschreibung von Fremdheit als das »Andere des Eigenen« einhergeht bzw. einhergegangen ist mit Veränderungen im Selbstverständnis des Eigenen – wie Ausgrenzung, alltägliche Erniedrigung und Gewalt, subtile Prozesse von Diskriminierung möglicherweise auch als ein nicht bewusstes Weitergeben des eigenen »Opferseins« (Gruen 2000, S. 58) zu betrachten sind und wie dieses in Zusammenhang mit einer auf Gehorsam gepolten Sozialisation stehen kann.

Sowohl historische Zugänge als auch Erscheinungsweisen gegenwärtiger Verleugnung von (direkter und struktureller) Gewalt werden kritisch analysiert und eine vorsichtige Annäherung an die Vorstellung eigener Ohnmachtserfahrungen und Selbstentfremdungsgefühle wird versucht.

Ziel ist dabei immer, sozialpädagogisches Handeln und gesellschaftliches Engagement vor dem Hintergrund sozialer Erfahrungen zu erkennen und zu diskutieren, das innere Bezugssystem eines anderen Menschen ansatzweise erfassen zu können, ohne den Kontakt zur eigenen Emotionalität zu verlieren und auch ohne dem anderen die eigene Emotionalität überzustülpen. Die Fähigkeit, wahrnehmen und darüber nachdenken zu können, dass und wie fremdes und eigenes Verhalten von Bedürfnissen, Wünschen, Überzeugungen und Zielen geleitet wird, ein »Nicht-Verstehen« und »Nicht-Wissen« akzeptieren zu können, es nicht abwehren zu müssen, kann als ein Aspekt interkultureller Kompetenz gelten. Erfahrungen von Fremdheit gehören zum Normalzustand in einer sich permanent verändernden Gesellschaft. Werden diese Erfahrungen als eine Art »Unvertrautheit« begriffen (die immer den Bereich des Vertrauten voraussetzen und dieser selten erklärungsbedürftig erscheint), gehört die Fähigkeit, mit wechselnden Graden dieser »Unvertrautheit« umgehen zu können, zu den Schlüsselkompetenzen sozialpädagogischer Professionalität.

Auf der Grundlage bereits erworbenen Wissens über Sprachentwicklung wird in unserem Unterricht der Aspekt der Sprachförderung bei Mehrsprachigkeit vertieft. Ausgehend von der Vorstellung von der »Muttersprache als das Betriebssystem« und als »Fundament für das Erlernen der Zweitsprache« (Iven 2012) wird ein wertschätzender Umgang mit den Muttersprachen und dem damit verbundenen kulturellen Hintergrund der Kinder und ihrer Familien vermittelt. In unterschiedlichsten Unterrichtszusammenhängen (nicht nur in einer Schreibwerkstatt) kommen muttersprachliche Äußerungen zur Geltung. Die Reaktion der Mitschülerinnen und -schüler ist oft positiv überrascht: »Das war toll, ich habe dich vorher nie so lange zusammenhängend sprechen hören. Ich sehe dich jetzt mit andere Augen.« Wir gehen dabei davon aus, »dass Sprachbildung und Sprachförderung in der pädagogischen Arbeit von Kindertageseinrichtungen systematisch mitgedacht und in die Gestaltung aller Bildungs- und Lernsituationen integriert werden sollte« (Niedersächsisches Kultusministerium 2011, S. 5).

Die bisher aufgezeigten inhaltlichen Schwerpunkte sind verschiedenen Lernfeldern zugeordnet und werden überwiegend im Klassenverband unterrichtet. Es soll noch einmal betont werden, dass gleichberechtigt neben der Vermittlung von Fachwissen die Selbstwahrnehmung und die Selbstreflexion stehen. Dies sowohl in Bezug auf Praxissituationen als auch auf die eigene

Lebenserfahrung. Der intensive Erfahrungsaustausch und die teils auch kontroverse Auseinandersetzung innerhalb der Klasse dient der Stärkung von Ambiguitätstoleranz.

Als ein klassenübergreifendes Unterrichtsprojekt findet eine Woche lang in kleineren Gruppen eine künstlerische Auseinandersetzung mit dem Thema Fremdheit statt. Auswahlmöglichkeiten sind hier Musik und Tanz, Theater, kreatives Schreiben, Skulpturenbau, Druckgrafik …

> *»Durch die Theatergruppe wurden für mich Probleme, die ich schon lange rational erfasst, erkannt und bearbeitet habe, auf eine emotionale Ebene gebracht. Dadurch wurden sie für mich erfühlbar. Das war sehr anstrengend, aber auch befreiend. Diese Erfahrung wünsche ich noch vielen Menschen!«*

> *»Meine ganze Erinnerung ist aufgerufen. Ich habe in verschiedenen Situationen mich als betroffene Person gefühlt. Mehrmals Tränen in Augen gehabt. Schließlich war ich froh, dass in ganzen Welt Menschen gibt, die sich mit Fremdheit und Alltagsproblemen beschäftigen und Lösungsvorschläge geben.«*

Diese zwei Zitate aus der Schülerschaft machen deutlich, welche Kraft im künstlerischen Weg liegt. Vorschnelle intellektuelle Scheinlösungen werden ausgehebelt, die Betroffenheit wird hergestellt und durch eine vertiefte Auseinandersetzung werden nachhaltige Lösungen gefördert. Am Ende der Woche werden die Prozesse und »Ergebnisse« in der Schulöffentlichkeit präsentiert. Neben anderen Evaluationsmethoden kann auch an der Atmosphäre der Abschlussfeier das Gelingen der Projektwoche abgelesen werden. Die neu gewonnene Vertrautheit mit dem Anderen / Fremden wird in Lebenspraxis gewandelt. Essen, Musik und Tanz werden bewusster, interkultureller.[35]

Neben dieser Vertiefung wird Interkulturelle Kompetenz auch an anderen Stellen der Ausbildung berührt: Zum Beispiel wird im Lernfeld »Zusammenarbeit mit Familien« die besondere Lebenssituation von nicht-deutschen Herkunftsfamilien thematisiert. Im Lernfeld musisch-kreative Kompetenzen werden die Möglichkeiten von Kinder- und Bilderbüchern in nicht-deutscher Sprache erarbeitet. In der Erläuterung des Begriffes Inklusion wird die

---

35 Weitere Informationen zum Projekt sowie eine Foto- und Videodokumentation finden Sie unter http://www.actandchange.eu/de/projects/hannover/index.html

Bedeutung von interkultureller Kompetenz ebenfalls angesprochen. Auch außerhalb des berufsbezogenen Unterrichtes im Fach Deutsch wird zum Beispiel die Bedeutung von Märchen als kulturübergreifende Literaturform besprochen. Und natürlich werden im Fach Religion Unterschiede und Gemeinsamkeiten der Weltreligionen deutlich gemacht. Durch Besuche, zum Beispiel einer Moschee, wird dieses Wissen intensiviert.

Aber wir gehen mit den Schülerinnen und Schülern nicht nur nach außen, wir holen auch Fachleute in die Schule. So wird der Aspekt der Sprachförderung konkretisiert durch den Besuch der Rucksackmütter, oder Mitarbeiterinnen und Mitarbeiter der Stadt berichten über die Aktivitäten im Rahmen des lokalen Integrationsplanes der Landeshauptstadt Hannover. Auch die Zusammenarbeit mit Organisationen der Betroffenen wie zum Beispiel kargah (Werkstatt) e.V. für interkulturelle Kommunikation, Flüchtlings- und Migrationsarbeit bereichert den Unterricht.

Eine Ausbildungsdidaktik, wie sie hier dargestellt wurde, kann nur gelingen, wenn die institutionellen Rahmenbedingungen dies unterstützen. Das heißt flexible Zeitstrukturen und ausreichende Raumkapazitäten müssen vorhanden sein. Vor allem muss die Rolle der Lehrkräfte sich weiterentwickeln vom Vermittler von Fachwissen zum Prozessbegleiter. Das Gelingen des Vorhabens hängt davon ab, ob sich auch die Lehrkräfte persönlich auf den Prozess des Suchens, auf den Dialog mit dem Fremden einlassen.

Literatur

Bade, K: (2007): Enzyklopädie Migration in Europa. Paderborn

Gruen, A. (2000): Der Fremde in uns. Stuttgart: Klett Cotta.

Iven, C. (2012): Sprache in der Sozialpädagogik. 3. Aufl. Köln: Bildungsverlag EINS.

Niedersächsisches Kultusministerium (Hrsg.) (2002): Rahmenrichtlinien für das Fach Berufsbezogener Unterricht der Fachschule für Sozialpädagogik. Hannover.

Niedersächsisches Kultusministerium (Hrsg.) (2011): Sprachbildung und Sprachförderung - Handlungsempfehlungen zum Orientierungsplan. Hannover.

Wagner, W. (1997): Fremde Kulturen wahrnehmen. Erfurt: Landeszentrale für politische Bildung.

Resümee und Ausblick

Karsten Herrmann | Heidi Keller | Maria Korte-Rüther

UNTER DEM STICHWORT der »Interkulturellen Kompetenz« haben wir in den vorangegangenen Kapiteln versucht, die verschiedenen wissenschaftlichen und praktischen Aspekte einer neuen, kultursensitiven Frühpädagogik aufzuzeigen. Diese beruht auf der Grundauffassung, dass Entwicklung, Bildung und Erziehung keine eindimensionalen Prozesse sind und auch nicht einem einzigen pädagogischen Paradigma folgen. Um Kindern einen optimalen Start zu ermöglichen, muss daher eine differentielle Sichtweise in Erziehung und Bildung systematisch eingeführt werden. Kinder sind unterschiedlich, lernen unterschiedlich und profitieren unterschiedlich von unterschiedlichen pädagogischen Maßnahmen. Eine generelle differentielle Sichtweise, d.h. eine Pädagogik, die auf Unterschiedlichkeit aufbaut und Unterschiedlichkeit ausdrückt, ist die beste Voraussetzung für das Leben von Chancengleichheit. Dieser Gedanke ist vielleicht gewöhnungsbedürftig – aber eigentlich auch trivial.

Kinder bringen ganz unterschiedliche Zugänge zur Welt ein und müssen in dieser Unterschiedlichkeit ernst genommen werden. In vielen Bildungsplänen wird auch schon betont, wie wichtig es ist, das Kind mit seiner Herkunft zu akzeptieren. In der Realität sieht das aber häufig anders aus – hier gilt nämlich in der Regel (und vielleicht ganz unbewusst) das kulturelle Modell der deutschen Mittelschichtfamilie als Norm und Maßstab. Alle Kinder mit ihrem jeweiligen familiären Hintergrund zu akzeptieren, bedeutet aber auch, eine Vielzahl von ganz unterschiedlichen kulturellen Lebensmodellen und Erziehungskonzepten zuzulassen.

Dieses Zulassen setzt zunächst einmal Wissen und Kenntnis der unterschiedlichen Modelle und Sichtweisen voraus. Doch das Wissen alleine reicht natürlich nicht aus, um kulturelle Sensitivität schon zu leben. Dazu muss ein verinnerlichtes Verstehen kommen, eine tiefe Akzeptanz der Gleichwertigkeit verschiedener Weltsichten. Dies wird insbesondere durch Reflexion fremder und eigener Sichtweisen möglich. Erst wenn diese beiden Stufen erfolgreich bewältigt und selbstverständlich geworden sind, kann Diversität gelebt werden. In diesem Sinne sprechen wir hier von einer pädagogischen

Trias aus Wissen, Haltung und Können, die die Grundlage einer differentiellen Pädagogik bildet. Mit ihr kann Vielfalt tatsächlich als Chance, als Ressource gesehen und gelebt werden.

An dieser Stelle möchten wir noch einmal das Eigene und das Fremde in den Blick nehmen. Das Eigene ist das Vertraute, Gewachsene, die Basis unseres Handelns; es sind die Werte, Normen und Verhaltensmuster, die wir mit Gleichgesinnten teilen. Vielfalt erfahren wir durch das Fremde, das Andere, das Befremdliche, ja vielleicht sogar Angstauslösende. Es wäre nicht klug, diese Akzentuierungen zu leugnen, da sie ohne Zweifel Teil der menschlichen Natur sind.

Es ist aber auch Teil der menschlichen Natur, dass Eigenes und Fremdes zusammentreffen. So ist Migration auch kein Phänomen moderner Gesellschaften, sondern Menschen sind immer gewandert, aus ihrem Eigenen in das Fremde, aus vielfältigen Anlässen. Der Migrationsforscher Klaus Bade hat einmal sehr treffend gesagt, der Mensch solle anstelle von *homo sapiens* besser *homo migrans* genannt werden – so sehr charakterisiert ihn das Zusammentreffen von Eigenem und Fremden!

Das Eigene und Fremde sind aber auch jeweils Teile von uns selbst. Seit einigen Jahren wird intensiv über den Genpool der Europäer diskutiert – nach neueren Erkenntnissen sind die Europäer nicht nur eine genetische Mischung der alteingesessenen Jäger und Sammler und der zugewanderten Bauern (übrigens vermutlich aus Anatolien), sondern auch einer dritten bisher nicht eindeutig identifizierten Gruppe, die den sogenannten Faktor X einbrachte. Dieser Faktor X könnte eventuell von einer Gruppe halbnomadischer Steppenbewohner aus dem Osten südlich des Uralgebirges bis nordwestlich des Schwarzen Meeres stammen.

In jedem Menschen steckt also Eigenes und Fremdes, das ist die Grundlage des Fortbestandes der Menschheit. Psychologisch wird die Akzeptanz eigener und fremder Anteile allgemein mit psychischer Gesundheit und Wohlbefinden gleichgesetzt.

In Anbetracht der Tatsache, dass bald jedes zweite Kind in der Kita einen Migrationshintergrund hat, belegen die Beiträge des vorliegenden Buches nun auch eindrücklich die Bedeutung der Interkulturellen Kompetenz für den pädagogischen Alltag in Kindertageseinrichtungen.

Einzelne Kitas haben sich in den vergangenen Jahren bereits eigenständig auf den Weg zu einer kultursensitiven Pädagogik gemacht und implementieren mit viel Engagement und Fantasie interkulturelle Formate – von mehrsprachigen Bibliotheken über internationale Buffets oder Elterncafés bis hin zu vielfältigen Projekten mit den Kindern, in denen das Fremde und Andere spielerisch thematisiert und plastisch gestaltet werden. Als Kernstück der interkulturellen Kompetenz und damit auch einer kultursensitiven Pädagogik hat sich insbesondere auch in den Praxisbeiträgen des Buches neben einer offenen und akzeptierenden Grundhaltung der Beziehungsaufbau und die Zusammenarbeit der pädagogischen Fachkräfte mit den Familien herauskristallisiert -, denn die vertrauensvolle Beziehung zu den Eltern ist eine zentrale Voraussetzung für den Kontakt zu den Kindern. Die große Aufmerksamkeit, die in vielen Kitas heute schon auf der Elternarbeit bzw. auf einer intensiven Bildungs- und Erziehungspartnerschaft liegt, bietet hier eine gute Basis auch für eine interkulturelle Verständigung.

Über einzelne in der Praxis gelebte Ansätze und Bausteine hinaus brauchen wir zukünftig jedoch eine systematische und nachhaltige Verankerung der interkulturellen Kompetenz in der Elementarpädagogik – von der Aus-, Fort- und Weiterbildung bis hin zu den Rahmenbedingungen und Bildungsplänen der Bundesländer.

In einer kultursensitiven Pädagogik spielen nicht zuletzt auch die »Brückenbauerinnen und Brückenbauer« zwischen den unterschiedlichen Kulturen eine wichtige Rolle. Doch derzeit haben nur circa acht Prozent der in den Kitas tätigen pädagogischen Fachkräfte einen Migrationshintergrund und sind damit im Vergleich deutlich unterrepräsentiert. Pädagogische Fachkräfte mit eigenem Migrationshintergrund gaben im Rahmen der Evaluation der *nifbe*-Fortbildung zur Interkulturellen Kompetenz zu fast 80 Prozent an, dass ihnen diese Tatsache den Umgang mit Eltern und Kindern mit Migrationshintergrund erleichtert. Daher ist es wichtig, dass zukünftig gezielt Interessierte aus anderen Kulturen und mit anderen Religionen zu pädagogischen Fachkräften ausgebildet werden und die Kitas sich für diese weiter öffnen. Grundsätzlich sollte sich in jedem Kita-Team unsere gesellschaftliche Realität widerspiegeln und die Vielfalt als Chance gesehen werden!

Damit der positive Umgang mit Vielfalt in den unterschiedlichsten Lebens- und Arbeitsumfeldern selbstverständlich wird, müssen wir aber als

Gesellschaft auch unsere Wissensbasis noch weiter vergrößern. Denn trotz eines riesigen Aufschwungs der Säuglings- und Kleinkindforschung in den letzten 50 Jahren und vielen Programmen, die das Wissen der Elementar- und Frühpädagogik bündeln, sind auch Wissenschaft und Forschung bisher zu einseitig aufgestellt. Was wir gemeinhin als universelle Wissensbestände betrachten, beruht auf Erkenntnissen, die an weniger als fünf Prozent der Weltbevölkerung erhoben wurden – und bis heute gehören Wissenschaftlerinnen und Forscher fast ausschließlich der euroamerikanischen Mittelschicht an. Mit anderen Worten: Wir haben noch einen ungeheuren Forschungsbedarf über Entwicklungs-, Erziehungs- und Bildungsprozesse anderer Kulturen, um die erzieherische Praxis in multikulturellen Gesellschaften angemessen zu gestalten. Hier eröffnet sich auch die Chance, dass die Praxis Hand in Hand mit der Wissenschaft arbeitet – so können Fragestellungen und Probleme aus der Praxis in der Wissenschaft bearbeitet und schließlich gemeinsam kultursensitive Lösungen und Settings entwickelt werden.

Dies entspricht auch der Transferphilosophie des *nifbe*, die wir versucht haben, auch in diesem Buch umzusetzen. Wir hoffen, dass uns dieser Brückenschlag zwischen Forschung und Praxis gelungen ist!

Verzeichnis der Autorinnen und Autoren

DR. RER. NAT. JÖRN BORKE, Dipl.-Psychologe, ist wissenschaftlicher Mitarbeiter der **nifbe**-Forschungsstelle Entwicklung, Lernen und Kultur und Leiter der »Babysprechstunde Osnabrück«. Darüber hinaus ist er tätig als Ausbilder im Rahmen der Zusatzausbildung »Fachkraft Kleinstkindpädagogik« (VHS), als Lehrbeauftragter an der Fachhochschule Osnabrück im Studiengang Elementarpädagogik sowie in Forschung, Lehre und Weiterbildung an der Universität Osnabrück zu verschiedenen Bereichen der Entwicklungspsychologie und psychosozialen Beratungsarbeit.

PAULA DÖGE, Dipl.-Psychologin, arbeitet als Wissenschaftliche Mitarbeiterin in der **nifbe**-Forschungsstelle Entwicklung, Lernen und Kultur. Ihr Arbeitsgebiet ist die Kulturvergleichende Entwicklungspsychologie im Alter von 0 bis 6 Jahren. Sie arbeitete an den Projekten »Nationale Untersuchung zur Bildung, Betreuung und Erziehung in der frühen Kindheit (NUBBEK)«, »Familien- und Berufsplanung von Studierenden in Ost- und Westdeutschland« und »Soziale Interaktion im Vorschulalter«. Darüber hinaus hat Paula Döge an der Entwicklung kultursensitiver Konzepte in der Krippenpädagogik sowie am Konzept der **nifbe**-Fortbildung »Interkulturelle Kompetenz für Kindertagesstätten« mitgearbeitet.

IRINA GRÜNHEID, geb. in Kasachstan. Von 2000 bis 2004 Studium der Fachrichtung Sozialwesen an der FH Braunschweig / Wolfenbüttel, Abschluss als staatlich anerkannte Dipl. Sozialpädagogin / Sozialarbeiterin (FH). Von 2004 bis 2012 Master-Studium Internationale Migration und interkulturelle Beziehungen (IMIB) an der Universität Osnabrück / Institut für Migrationsforschung und interkulturelle Studien (IMIS). Abschluss als M.A. Internationale Migration und interkulturelle Beziehungen (IMIB). Derzeit Wissenschaftliche Hilfskraft an der Universität Kassel und an der Universität Vechta. Schwerpunktthemen: Migration und Folgen für Bildung und Beruf.

HELGA BARBARA GUNDLACH, M. A. Religionswissenschaftlerin. Trainerin, Prüferin und Mitglied im Beratungsausschuss Xpert Culture Communication Skills. Weiterbildungen in Erwachsenenbildung, Psychodrama, systemischer Beratung, Arbeitswissenschaft. Sie arbeitet seit 2001 als Trainerin für Interkulturelle Kompetenz, insbesondere in Verwaltungen und im pädagogischen Bereich, und seit 2005 auch als Beraterin in Organisationsprozessen zu Interkultureller Öffnung. Seit 2006 ist sie Lehrbeauftragte an der Arbeitsstelle »Diversität – Migration – Bildung« an der Leibniz Universität Hannover. Helga Barbara Gundlach hat unter anderem an einem Fachkonzept für die Fortbildung in Interkultureller Kompetenz der Mitarbeitenden der Stadt Hannover mitgearbeitet. Ihre Arbeitsschwerpunkte liegen u. a. im Bereich der Zusammenhänge von Religion und Migration sowie der Interkulturellen Kompetenz und Öffnung von Kindertagesstätten.

NELE HADDOU, Master of Arts »Internationale Migration und Interkulturelle Beziehungen«. Seit Frühjahr 2012 ist sie wissenschaftliche Mitarbeiterin an der Hochschule Osnabrück im »Innovationszentrum Gender, Diversity und Interkulturalität«. Von 2009 bis 2010 war sie Koordinatorin des *nifbe*-Transferprojekts »Familienbesucherinnen« in der Samtgemeinde Artland und von 2010 bis 2011 bei der Stadt Osnabrück für die Weiterentwicklung einer Kita mit hohem Migrationsanteil zum Familienzentrum beschäftigt. Ebenfalls war sie an der Konzeptionsentwicklung der *nifbe*-Fortbildung »Interkulturelle Kompetenz für Kindertagesstätten« beteiligt.

DR. KARSTEN HERRMANN, seit 2008 Pressesprecher des Niedersächsischen Instituts für frühkindliche Bildung und Entwicklung. Zuvor verschiedene Tätigkeiten als freier Journalist sowie als PR- und Projektmanager im Bildungsbereich.

MARIANNE HEYDEN-BUSCH, Diplompädagogin mit Schwerpunkt Sozialpädagogik. Sie ist seit 1984 im Bereich Stadtteilkulturarbeit des Fachbereichs Bildung und Qualifizierung der Landeshauptstadt Hannover tätig: als Leiterin des Freizeitheims Vahrenwald und danach als Koordinatorin für Stadtteilkulturarbeit für Hannover Süd-Ost. Seit 2007 ist sie zuständig für die Fachplanung für kulturelle Bildung mit den Arbeitsschwerpunkten: planen und entwickeln von Konzeptionen, Umsetzungen, Netzwerkmanagement, Fachliche Beratung, Begleitung und Reflexion der Stadtteilkultureinrichtungen. Marianne Heyden-Busch war an der Konzeptionsentwicklung der *nifbe*-Fortbildung »Interkulturelle Kompetenz für Kindertagesstätten« beteiligt.

PROF. DR. HEIDI KELLER ist seit 1984 Professorin für Psychologie (Fachgebiet Entwicklung und Kultur) an der Universität Osnabrück und seit 2008 auch Leiterin der *nifbe*-Forschungsstelle Entwicklung, Lernen und Kultur. Sie hatte verschiedene Fellowships und Gastprofessuren inne, u. a. den Nehru Chair in Baroda, Indien, verschiedene Gastprofessuren an der Universidad de Costa Rica in San Jose, Visiting Professor an der UCLA, Fellow am Institute for Advanced Study der Niederländischen Akademie der Wissenschaften. Ihr kulturvergleichendes Forschungsprogramm wurde und wird u. a. von der DFG, dem DAAD, der VW Stiftung, dem Niedersächsischer MWK gefördert. Heidi Keller ist Präsidentin der International Association for Cross Cultural Psychology.

MARIA KORTE-RÜTHER, Dipl. Sozialpädagogin und Mediatorin. Seit Gründung des *nifbe* 2007 ist sie als Mitarbeiterin in der Koordinierungsstelle tätig. Sie begleitet und unterstützt hier insbesondere die regionalen Netzwerke und die Transfer- und Forschungsprojekte. Der Transfer von Ergebnissen und Fragestellungen zwischen Praxis und Forschung ist ein weiterer Arbeitsschwerpunkt. Das Pilotprojekt zur Interkulturellen Kompetenz in Kindertagesstätten in Kooperation mit dem Niedersächsischen Sozialministerium wurde von ihr geleitet. Zuvor hat Maria Korte-Rüther in unterschiedlichen Projekten und Tätigkeitsfeldern gearbeitet und in den Themenschwerpunkten Eltern- und Familienbildung, Übergänge und Interkulturalität Konzepte entwickelt und umgesetzt.

CHRISTIAN LAENGNER, Sozialpädagoge. Als Spiel- und Theaterpädagoge führt er Kurse und Seminare für verschiedene außerschulische Bildungsträger durch und wirkte 2005 am EU Projekt »Minerva« mit. Seit 1985 arbeitet er als Fachschullehrkraft am Diakonie-Kolleg Hannover. Sein Arbeitsschwerpunkt liegt zurzeit bei den von ihm wesentlich mit konzipierten berufsbegleitenden Ausbildungsgängen zur Erzieherin / zum Erzieher und zum Sozialassistenten / zur Sozialassistentin. Ein thematischer Schwerpunkt ist das Thema »Interkulturelle Kompetenz – Umgang mit Fremdheit«.

GIESELA RÖHLING, Diplom-Pädagogin, Interkulturelle Trainerin, Systemisch-Integrative Arbeit. Seit 2001 Projektleitungen der interkulturellen »Xenos«- und »Briko«-Kooperationsprojekte, pädagogische Leitung der Politischen Bildung. Die Schwerpunkte ihrer Arbeit liegen derzeit in den Bereichen Moderation, Coaching und Supervision.

DR. LISA SCHRÖDER, Master of Science (Psychologie), arbeitet als wissenschaftliche Mitarbeiterin in der *nifbe*-Forschungsstelle Entwicklung, Lernen und Kultur. Ihr Forschungsschwerpunkt liegt auf kulturvergleichenden Untersuchungen von Mutter-Kind-Konversationen und verschiedenen Aspekten kindlicher Entwicklung. Basierend auf diesen Arbeiten hat sie das Projekt »Sprachkultur in der Kita« konzipiert und leitet diese Interventionsstudie. Lisa Schröder ist auch als Referentin zu Themen der interkulturellen Frühpädagogik tätig und war an der Konzeptionsentwicklung der *nifbe*-Fortbildung »Interkulturelle Kompetenz für Kindertagesstätten« beteiligt.

PROF. DR. HACI-HALIL USLUCAN, seit Herbst 2010 wissenschaftlicher Direktor des Zentrums für Türkeistudien und Integrationsforschung sowie Professor für Moderne Türkeistudien und Integrationsforschung an der Universität Duisburg-Essen. Von Oktober 2006 bis Februar 2008 Vertretungsprofessur für Pädagogische Psychologie sowie für Motivationspsychologie an der Universität Potsdam; 2008 bis 2010 Vertretungsprofessor für Pädagogische Psychologie an der Helmut-Schmidt-Universität in Hamburg sowie im Sommersemester 2009 Gastprofessor an der Uni Wien. Forschungsschwerpunkte: Intellektuelle Entwicklung im Kindesalter, Jugendgewalt und Jugendentwicklung im kulturellen und interkulturellen Kontext, Interkulturelle Familien- und Erziehungsforschung, Islam und Integration, Gesundheit und Migration.

GERDA WESSELN-BORGELT, Dipl. Sozialarbeiterin, Systemische Beraterin, Systemische Supervisorin und Organisationsberaterin. Sie hat in verschiedenen Feldern der Sozialen Arbeit gearbeitet und ist seit 1993 als Lehrende an der Hochschule Osnabrück in den Studiengängen Soziale Arbeit und Elementarpädagogik tätig. Ihre Schwerpunkte sind Methoden und Konzepte der Sozialen Arbeit, Elternarbeit, Familienunterstützende Maßnahmen, Gender und Diversity, Praxisberatung und Praxisbegleitung. Gerda Wesseln-Borgelt hat das Elternarbeits-Konzept »Macht Euch stark für starke Kinder« mit einem entsprechenden Fortbildungscurriculum für Fachkräfte entwickelt. Von 2009 bis 2011 war sie Projektleiterin des *nifbe*-Transferprojekts »Familienbesucherinnen« in den Samtgemeinden Artland und Bersenbrück. Ebenfalls war sie an der Konzeptionsentwicklung der *nifbe*-Fortbildung »Interkulturelle Kompetenz für Kindertagesstätten« beteiligt.

DR. MANUELA WESTPHAL, Professorin für Sozialisation mit Schwerpunkt Migration und Interkulturelle Bildung, Fachbereich Humanwissenschaften, Universität Kassel; 2008 bis 2009 Gastprofessorin für Heterogenität und Bildung an der Philosophisch-Sozialwissenschaftlichen Fakultät der Universität Augsburg; 2002 bis 2009 Juniorprofessorin für Allgemeine Pädagogik / Frauenforschung im Fachbereich Erziehungs- und Kulturwissenschaften der Universität Osnabrück; assoziiertes Mitglied im IMIS, Mitglied im Vorstand des »Vereins zur pädagogischen Förderung zugewanderter Kinder (VPAK)« in Osnabrück.

GÜLCAN YOKSULABAKAN, Diplom Pädagogin (Interkulturelle Pädagogik). 15-jährige Berufspraxis als Interkulturelle Trainerin, Diversity-Trainerin und Beraterin in Verwaltung, Bildungsinstitutionen und der freien Wirtschaft. Der Fokus ihrer Arbeit in Kitas liegt in folgenden Bereichen: Allgemeine interkulturelle Trainings, Trainerausbildungen für Erzieherinnen und Erzieher zur »Interkulturellen Trainer/in in der Kita«, Umgang mit interkulturellen Konflikten, Umgang mit Vorurteilen unter Kindern (auch Einführung in Materialien), Umgang mit Sprache und Interkulturelle Elternarbeit und Umgang mit sozial benachteiligten Kindern und deren Familien.

Printed in Germany
by Amazon Distribution
GmbH, Leipzig

19717706R00102